El Emprendimiento Empresarial

La Importancia de ser Emprendedor

Juan Antonio Vázquez Moreno

TABLA DE CONTENIDOS

TABLA DE CONTENIDOS 3

EL ESPÍRITU EMPRENDEDOR COMO HERRAMIENTA DE DESARROLLO ORGANIZACIONAL 7

    INTRODUCCIÓN 8

    UNA TEORÍA REVOLUCIONARIA LLAMADA EMPRENDIMIENTO 10

    EL EMPRENDEDOR Y LAS VARIABLES IMPRESCÍNDIBLES 12

    EMPRENDIMIENTO E INNOVACIÓN 13

    CONSIDERACIONES FINALES 19

EMPRENDIMIENTO EMPRESARIAL SOSTENIBLE Y LA TEORÍA DE LA ECOLOGÍA DE ORGANIZACIÓN 20

    INTRODUCCIÓN 21

    EMPRENDIMIENTO SOSTENIBLE 24

    TEORÍA DE LA ECOLOGÍA ORGANIZACIONAL 32

    LOS EFECTOS DEL ENTORNO SOBRE LAS ORGANIZACIONES 40

    CONSIDERACIONES FINALES 45

DEFINICIONES Y FORMAS DE EMPRENDIMIENTO CORPORATIVO 49

    INTRODUCCIÓN 49

    EL EMPRENDIMIENTO CORPORATIVO 51

    DEFINICIONES Y FORMAS DE EMPRENDIMIENTO CORPORATIVO 54

    DIFERENCIAS Y SIMILITUDES ENTRE EMPRENDEDORES E INTRA-EMPRENDEDORES 63

    CONSIDERACIONES FINALES 67

LAS RELACIONES INTER-ORGANIZACIONALES PARA EL EMPRENDIMIENTO INTERNACIONAL 71

    INTRODUCCIÓN 71

    EMPRENDIMIENTO INTERNACIONAL 75

    RELACIONES INTERORGANIZACIONALES 80

    LAS RELACIONES INTERORGANIZACIONALES Y EL EMPRENDIMIENTO INTERNACIONAL 84

    CONSIDERACIONES FINALES 88

EL EMPRENDIMIENTO EMPRESARIAL E INNOVACIÓN EN LAS ORGANIZACIONES 91

    INTRODUCCIÓN 92

EL EMPRENDIMIENTO EMPRESARIAL CENTRADO EN EL DESARROLLO 93

LA CULTURA DEL EMPRENDIMIENTO CORPORATIVO 101

DESARROLLO ORGANIZACIONAL COMO PRINCIPIO DEL EMPRENDIMIENTO EMPRESARIAL 103

CONSIDERACIONES FINALES 109

EL EMPRENDIMIENTO EN LA ECONOMÍA Y GESTIÓN DE LA ADMINISTRACIÓN 113

INTRODUCCIÓN 113

HISTORIA DEL EMPRENDIMIENTO 114

ORGANIZACIÓN EMPRENDEDORA 118

EMPRENDIMIENTO INTERNACIONAL 122

CONSIDERACIONES FINALES 128

REFERENCIA BIBLIOGRÁFICA 129

EL AUTOR 133

EL ESPÍRITU EMPRENDEDOR COMO HERRAMIENTA DE DESARROLLO ORGANIZACIONAL

En este capítulo vamos a realizar un análisis bibliográfico sobre conceptos y características no sólo del Emprendimiento Social, sino también del Emprendimiento Empresarial y de la Responsabilidad Social.

Proporcionar una visión general de lo que es el espíritu emprendedor de empresa, cómo surgió y su desarrollo hasta el presente. Hacer una relación entre los factores históricos, económicos y sociales que han contribuido a su evolución. Haremos una división en tres partes. Una discusión de los factores que contribuyeron a la difusión del concepto de espíritu emprendedor, la preocupación que existía en el momento de crear empresas de más larga duración y que sobrevivieran a las dificultades del mundo competitivo, señala el desarrollo histórico de la iniciativa empresarial, las políticas que fueron adoptadas para que la tasa de mortalidad de las empresas disminuyera, como los programas que fueron creados y desarrollados para apoyar y potenciar el proceso emprendedor en el siglo XXI, sus contribuciones al avance económico actual, la importancia de las micro y pequeñas empresas para la estabilidad económica del país. Por último, retrataremos lo que es el espíritu emprendedor en su diversidad conceptual.

INTRODUCCIÓN

La preocupación por las tasas de mortalidad de las empresas y la creación de otras que sobrevivieran a los obstáculos del mundo competitivo fueron factores que sin duda contribuyeron a la difusión del término emprendimiento, un tema que ha llamado la atención en particular de los gobiernos y entidades de la clase. Esto se debe a fenómenos como la globalización y los numerosos intentos para la estabilidad de la economía; varias empresas han buscado "alternativas para aumentar su competitividad, reducir los costes y seguir con vida en el mercado" (Dornelas, 2012, p. 1).

La comprensión del concepto de emprendimiento en los negocios es fundamental para profundizar en la discusión sobre este tema que no es nuevo, más es ahora que forma parte de las empresas de éxito, por eso la necesidad de hacer una lectura sobre el emprendimiento asociado a la idea de empresas y negocios exitosos.

En este apartado realizaremos un tipo de revisión de literatura. La idea es reflexionar sobre las contribuciones de los investigadores de la temática abordada en un intento de acercar los conceptos trabajados en el empirismo y, por tanto, en el transcurso de este texto, estudiosos como Dornelas (2012), Chiavenato (2005) y Hashimoto (2006), entre otros, estarán contribuyendo con la construcción de nuevos conocimientos.

Sobre el emprendimiento es importante señalar que hay varios tipos pero es un hecho que todos ellos partieron de la iniciativa emprendedora empresarial y, confirmada la importancia de los otros, como por ejemplo el emprendimiento sostenible, del desarrollo social, el enfoque de este estudio es el emprendimiento empresarial o corporativo. Se obedece una cronología de sistematización del concepto alineado con hechos como la revolución industrial y la globalización.

Sin embargo, todavía existe cierta confusión sobre el concepto de emprendimiento, lo que lleva a la siguiente pregunta. ¿Que es el emprendimiento?

La definición de emprendimiento ha sido ampliamente propagada en algunos países en los últimos años "teniendo como marco la consolidación del tema en el periodo 2000-2010" (Dornelas 2012 p. 1). Esto se debe a que con el creciente avance de las tecnologías era necesario que las organizaciones se adaptasen al nuevo modelo económico. En este contexto podemos decir globalizar empresas que antes vivían en un sistema de mercado tradicional, tuvieron que reformular sus estrategias para mantenerse sostenibles en el mundo corporativo. Emprender no es para todos pero para los que saben para el desarrollo de la organización, reducir costes no es la única alternativa, pero conocen el negocio y el mercado en el que se encuentra, también, es de fundamental importancia. Teniendo presente que los avances tecnológicos son continuos, las empresas deben entender que lograrán una ventaja competitiva las que se adapten más rápidamente.

En este contexto globalizado y corporativo, la cuestión es: actualmente en un escenario tan competitivo, donde hay un sinnúmero de muertes de pequeñas empresas que no resisten dicha competitividad, ¿qué política puede ser adoptada por las organizaciones para permanecer firmes a los obstáculos del mundo corporativo? Se sabe que la falta de conocimiento sobre el emprendimiento sería un factor que ha contribuido a la ineficacia de las organizaciones en un primer momento, bien como la forma no organizada para reducir los costes, en el caso de las empresas que atraviesan dificultades en sus negocios, o quizás, la falta de adherencia a la innovación. Es evidente que hay muchas preguntas cuando se trata del emprendimiento empresarial, pero no se pretende dar respuestas para todas en el desarrollo de este libro, dada la complejidad del tema, sino plantear diferentes cuestiones y tratar de aclarar algunas de ellas.

El objetivo general es reflexionar sobre el emprendimiento y su importancia para aquellos que desean el éxito en el mundo corporativo en el siglo XXI y como objetivos específicos, a) identificar las alternativas emprendedoras adecuadas para el éxito corporativo; b) comparar las políticas adoptadas para la estabilidad de las organizaciones y su desempeño real; c) relacionar la innovación y la sostenibilidad de los proyectos en curso; d) analizar los factores que contribuyen al éxito y al fracaso de las organizaciones en el siglo XXI.

UNA TEORÍA REVOLUCIONARIA LLAMADA EMPRENDIMIENTO

Para hablar del emprendimiento empresarial no se puede dejar de mencionar uno de los fenómenos que fue de gran importancia para el desarrollo económico hasta la fecha, es decir, la revolución industrial. Fue un fenómeno que ocurrió en Gran Bretaña en el siglo XVIII y que fue muy relevante, ya que contribuyó al avance de las actividades comerciales, la fabricación y las actividades comerciales.

La revolución industrial fue muy importante para la economía de la época y hasta el día de hoy, hay quien dice que esta revolución fue la que introdujo el capitalismo. Fue un cambio real en el proceso de producción, donde antes de la revolución la producción era manufacturada pasando a ser producida por máquinas. Con la reestructuración de la producción en la Revolución Industrial, muchos productos llegaron al mercado rápidamente gracias a la producción en masa y como consecuencia de este fenómeno la economía se vio favorecida, además a medida que las innovaciones tecnológicas avanzaron se produjo el crecimiento y surgimiento de nuevas empresas. En cierto modo, ya se puede ver en este movimiento el espíritu emprendedor a través del cambio y la innovación.

Como dijo Ttimmons (1990 apud Dornelas, 2012, p. 7): "El emprendimiento es una revolución silenciosa que será para el siglo XXI más de lo que la Revolución Industrial fue hasta el siglo XX". Fue en este contexto de grandes transformaciones económicas que surgió el primer concepto de emprendimiento, en la definición presentada por Cantillon en 1755 (citado Hashimoto, 2006, p. 1) cuando dice que el "emprendimiento" tiene relación con la toma de riesgos. Say (citado Hashimoto, 2006, p. 1) en 1803, amplió esta definición, ya que para él el emprendimiento está relacionado con la "transferencia de recursos económicos de un sector de menor productividad a sectores de mayor productividad y un mayor rendimiento." La palabra emprendedor es de origen francés y tiene como significado "aquel que toma riesgos y empieza algo nuevo" (Hisrish, 1986 apud Dornelas, 2012, p. 19).

EL EMPRENDEDOR Y LAS VARIABLES IMPRESCÍNDIBLES

En un entorno económico altamente competitivo, donde sólo permanece quien realmente es capaz de adaptarse a las nuevas realidades de los mercados, cabe a los emprendedores innovar, eso es algo obvio. Sin embargo, Chiavenato (2005) propone una visión mucho más amplia para los emprendedores que desean aumentar su probabilidad de éxito. Recoge Chiavenato (2005, p. 29) que: *Es necesario que el emprendedor, analice el entorno donde se encuentra su negocio. Para él hay variables macroeconómicas como economía y microeconómica que si no se tienen en cuenta a la hora de abrir o mantener un negocio, sin duda dará lugar al fracaso del proyecto.*

Todavía en las variables que necesitan ser entendidas, Chiavenato (2005, p. 26) informa que *es necesario para el emprendedor analizar las variables (tasas de interés, la renta per cápita, inflación) tecnologías (entradas y salidas de nuevas tecnologías); leyes (las normas que rigen las actividades comerciales); demográficas (perfil de edad de la población, la inmigración, la distribución); ecológicas (agua, suelo, clima); culturales (eventos culturales) y sociales (niveles de empleo, mejora de la educación).*

El autor señala las variables microeconómicas como: proveedores (proporcionan insumos y recursos para los negocios), clientes y los consumidores (son aquellos que utilizan su producto o servicio), los competidores (son aquellos que disputan con la empresa), agencias reguladoras (son entidades que regulan ciertos aspectos de la empresa, por ejemplo, controlar el trabajo en las empresas). En opinión del académico, no se puede ser un emprendedor o hacer un buen negocio sin tener en cuenta la importancia de analizar las variables macroeconómicas y microeconómicas.

EMPRENDIMIENTO E INNOVACIÓN

Emprender es más que gestionar una empresa, es adaptarse a los nuevos escenarios de mercado que la economía impone. Es prácticamente imposible hablar de este asunto y no relacionarlo con el término de innovación ya que son indispensables y cuando se unen la organización sólo tiene que celebrar. Chiavenato (2005, p. 4) expresa bien como estos dos términos van de la mano cuando dice: "[...] [el] emprendedor es la esencia de la innovación, haciendo obsoletas las viejas formas de hacer negocios."

Mediante la comprensión de la importancia de la innovación para el desarrollo empresarial, es de extrema necesidad que los directivos pongan en acción su espíritu innovador para que la organización pueda seguir siendo competitiva en este nuevo momento económico, donde los métodos de gestión y en especial las tecnologías se someten a constantes cambios, sobre todo en el siglo XXI donde se vive una gran revolución tecnológica.

Otras características que complementan el espíritu innovador y que son de gran importancia para los emprendedores fueron citadas por Chiavenato (2005, p. 16):

Iniciativa y búsqueda oportunidad - El emprendedor es alguien determinado y que tiene visión de negocios; que no espera que las cosas sucedan sino que toma la iniciativa en la búsqueda de mejoras, siempre viendo oportunidades y actuando en dirección a sus metas.

Perseverancia - Esta es una característica clave del emprendedor. Él no tiene miedo de los obstáculos sino que cree en su proyecto y va hasta el fin, cambiando su estrategia o incluso repitiendo lo mismo cuando sea necesario con el fin de superar las dificultades del camino.

Compromiso - Esto es muy relevante dado que para el éxito de la empresa es necesario compromiso y responsabilidad. El verdadero emprendedor tiene un compromiso total con su negocio, siempre observando los cambios que pueden ocurrir en el mercado en el que se encuentra, siempre buscando el éxito de su empresa.

Buscar calidad y eficiencia - Buscar mejorar cada vez más su producto o servicio es una seña de identidad del emprendedor, pues es alguien que siempre está en busca de la ventaja competitiva. Conociendo la necesidad de este tipo de ventaja, cabe al emprendedor conocer las nuevas tendencias de mercado, nuevos modelos de producción que mejoren la misma sin dejar de lado la calidad de los productos y servicios que proporcionan la satisfacción del público objetivo.

Coraje para asumir riesgos, pero calculados - El emprendedor es alguien que siempre está preparado, no teme lo nuevo, que se adapta a las nuevas realidades del mercado. El miedo a lo nuevo no puede ser parte de la vida del emprendedor, ya que en visión de la evolución del mercado las innovaciones tecnológicas que nunca dejan de llegar y es esencial que tenga el valor de asumir riesgos. Es importante destacar que estos riesgos deben ser calculados, es decir, no se puede tomar un riesgo cuando la probabilidad de error es del 100%.

Establecimiento de objetivos, metas - Es alguien que sabe a dónde va y de que manera ir. El emprendedor sabe que fijar objetivos (metas a donde llegar) es esencial.

Búsqueda de información - Siempre informado sobre los cambios del mercado, la competencia. Es extremadamente importante que el emprendedor esté siempre actualizado, siempre informado sobre las nuevas tendencias de su negocio, especialmente si su negocio es tecnológico, ya que este segmento sufre todos los días cambios de forma increíble. También es necesario conocer la competencia, saber que han utilizado para lograr una ventaja competitiva y buscar los medios o las innovaciones, que lo sitúen delante de la competencia.

Independencia, autonomía y autocontrol - Sabe superar las dificultades de la ruta ya que tiene plena convicción en sus objetivos y cree en ellos.

Se puede ver, por lo tanto, la importancia de estas virtudes para los emprendedores y que cuando se ponen en práctica, los beneficios para la organización son increíbles. Dornelas (2001 apud Liebert, 2008, p. 30-31.), también muestra algunas características de éxito de los emprendedores. Como son:

Son visionarios - Tienen una visión de lo que deparará el futuro para su negocio y su vida y, lo más importante, tienen la capacidad de poner en práctica sus sueños

Saben tomar decisiones - No se sienten inseguros, saben cómo tomar las decisiones correctas en el momento adecuado, sobre todo en tiempos de adversidad, siendo esto un factor clave en su éxito. Es más: además de tomar decisiones, planifican sus acciones rápidamente.

Son personas que marcan la diferencia – Los emprendedores vuelven algo de difícil definición, una idea abstracta, en algo concreto que funciona, transformando lo que es posible en la realidad (Kao, 1989; Ket de Vries, 1997 apud Dornelas, 2001). Saben agregar valor a los productos y servicios que suministran.

Saben sacar el máximo provecho de las oportunidades - Para la mayoría de la gente, las buenas ideas son las que vienen en primer lugar, por suerte o al azar. Para los visionarios (emprendedores), las buenas ideas son lo que todo el mundo puede ver pero no identifican algo práctico para convertirlos en oportunidades a través de datos e información. Para Schumpeter (1990, citado en Dornelas, 2001), el emprendedor es el que rompe el orden de la cadena e innova, creando un mercado con una oportunidad identificada. Para Kirzner (1973, citado en Dornelas, 2001), el emprendedor es alguien que crea un equilibrio, encontrando una posición clara y positiva en un entorno caótico y turbulento, es decir, identifica oportunidades en el orden presente. Pero ambos son enfáticos al afirmar que el emprendedor es un identificador de oportunidades, siendo un individuo curioso y atento a la información, sabiendo que sus posibilidades mejoran cuando aumenta su conocimiento.

Son resueltos y dinámicos - Implementan sus acciones con un compromiso total. Superan la adversidad, superando los obstáculos, con un extraño deseo de "hacer que suceda". Permanecen siempre dinámicos y cultivan una cierta inconformidad ante la rutina.

Son dedicados - Se dedican las 24 horas al día, los 7 días de la semana, a su negocio. Ponen en peligro la relación con amigos, familiares e incluso su salud. Son trabajadores ejemplares, encontrando energía para continuar incluso cuando se encuentran con problemas. Son incansables y están locos por su trabajo.

Son optimistas y apasionados de lo que hacen - Les encanta el trabajo que hacen. Y es ese el amor por lo que hacen el principal combustible que los mantiene cada vez más animados y auto-determinados, lo que los convierte en los mejores vendedores de sus productos y servicios porque saben mejor que cualquier persona cómo hacerlo. El optimismo hace que siempre imaginen el éxito y no el fracaso.

Son independientes y construyen su propio destino - Quieren estar por delante de los cambios y ser los propietarios de su propio destino. Quieren ser independientes en lugar de empleados, quieren crear algo nuevo y determinar los pasos por sí mismos, abrir su propio camino, ser su propio jefe y crear puestos de trabajo.

Hacerse rico - Hacerse rico no es el objetivo principal de los empresarios. Ellos creen que el dinero es la consecuente del éxito del negocio, su resultado.

Son líderes y constructores de equipo - Los emprendedores tienen un sentido de liderazgo inusual. Ellos son respetados y amados por sus empleados porque saben valorarlos, alentarlos y recompensarlos, formando un equipo a su alrededor. Ellos saben que para tener éxito dependen de un equipo de profesionales competentes. Saben incluso reclutar a las mejores mentes para asesorarlos en los campos en los que no tienen el mejor conocimiento.

Están bien conectados (networking) - Los emprendedores saben cómo construir una red de contactos que ayudan en el entorno externo de la empresa, junto con los clientes, proveedores y asociaciones comerciales.

Son organizados - Los emprendedores saben obtener y asignar los recursos materiales, humanos, tecnológicos y financieros de forma racional, buscando el mejor rendimiento para el negocio.

Planean, planean, planean - Los emprendedores de éxito planifican cada paso de su negocio, desde el primer borrador del plan de negocio hasta el plan a presentar a los inversores, definiendo estrategias de marketing de su negocio, etc., siempre teniendo en cuenta la fuerte visión de negocio que tienen.

Tienen conocimientos - Están sedientos de conocimientos y de aprender continuamente porque saben que cuanto mayor es el dominio del tipo de negocio mayor será su probabilidad de éxito. Este conocimiento puede venir de la información obtenida a partir de la experiencia práctica, de informaciones en publicaciones especializadas, cursos o incluso personas que llevaron a cabo emprendimientos similares.

Asumen riesgos calculados - Esta es quizás la característica más conocida de los emprendedores. Pero el verdadero emprendedor es aquel que toma riesgos calculados y sabe gestionar el riesgo, evaluando las posibilidades reales de éxito. Asumir riesgos tiene relación con los desafíos. Y para el emprendedor, cuanto mayor es el reto más emocionante es el viaje emprendedor.

Crean valor para la sociedad - Los emprendedores utilizan su capital intelectual para crear valor para la sociedad, generando puestos de trabajo, impulsando la economía y la innovación, siempre usando su creatividad en la búsqueda de soluciones para mejorar la vida de las personas.

Dadas estas características presentadas por Dornelas (2012), uno puede darse cuenta de que son sumamente importantes para el éxito emprendedor ponerlas en práctica. Debe ser una prioridad para cualquier emprendedor que aspira a tener ventaja competitiva en los negocios.

CONSIDERACIONES FINALES

El espíritu emprendedor empresarial y sus características son muy importantes para aquellos que anhelan el éxito en sus esfuerzos; lo importante que es para los emprendedores tener conocimientos sobre emprendimiento para entender mejor su negocio y el mercado en el que actúan; que reducir los costes no es la única alternativa que tienen las empresas para mantenerse en el mercado y que crear políticas innovadoras que revolucionarán el mercado marca, sin duda, un enorme diferencial.

EMPRENDIMIENTO EMPRESARIAL SOSTENIBLE Y LA TEORÍA DE LA ECOLOGÍA DE ORGANIZACIÓN

La intensa explotación de los recursos causó daños a los ecosistemas y, con la crisis del medio ambiente, los fundamentos políticos, de la sociedad y de la economía tomaron el paradigma de desarrollo empresarial sostenible. El enfoque de esta tendencia, junto con la teoría de la ecología organizacional, propone un analogía con las características de la selección natural de Darwin y de la convergencia del mercado para las prácticas social y ambientalmente responsables, concentrando el foco de las estrategias en las poblaciones, haciendo hincapié en la complejidad y las turbulencias del mercado, y la verificación de las condiciones para el equilibrio de las dimensiones de la sostenibilidad en el entorno de la organización. Trataremos en este capítulo sobre el espíritu emprendedor empresarial sostenible sobre la base de la Teoría de la Ecología de Poblaciones, de Hannan y Freeman (1977).

INTRODUCCIÓN

Uno de los retos del nuevo siglo en el área del emprendimiento es la supervivencia de una organización ante las exigencias del entorno. Desde la Edad Media, los recursos han sido explotados con fines de lucro y con el surgimiento del capitalismo el hombre ha generado la necesidad de producir riqueza y esta necesidad se incrementó por el crecimiento de las comunidades. El aumento previsto de la población, dado por Malthus, exigió más competidores y la explotación masiva de los recursos en el intento de alcanzar la ventaja competitiva.

El crecimiento y desarrollo de las poblaciones causaron un alto consumo de insumos naturales que resultaron en impactos negativos sobre el medio ambiente. Lo que se puede observar es que, actualmente, el problema de crecer de forma competitiva causando un menor impacto sobre el medio ambiente es una realidad cada vez más constante en el entorno empresarial.

El razonamiento del enfoque ecológico amplía el foco de acción, sin tener en cuenta organizaciones individuales y haciendo hincapié en la perspectiva de la gente, caracterizadas y definidas por Baum (1998) como un conjunto de organizaciones que se dedican a actividades similares de utilización de recursos, que desarrollan relaciones con otras personas participantes en diferentes actividades, formando comunidades organizacionales.

Sobre la base de la Teoría de la Ecología Organizacional (TEO) de Hannan y Freeman (1977), intentaremos establecer la relación entre esta teoría y el emprendimiento sostenible. Para la TEO, el medio ambiente selecciona las organizaciones que se adaptan mejor a las condiciones ambientales (Nohria; Gulati, 1994) y a las exigencias del mercado. En general, estos requisitos señalan que para que las empresas sigan generando riqueza, frente a las necesidades de bienes y servicios de las personas, contribuyan al bienestar ambiental y social de las comunidades en las que operan.

Por lo tanto, en este libro se define como una propuesta para introducir un nuevo enfoque de la iniciativa emprendedora empresarial sostenible - discutiendo conceptos y categorías de análisis de la teoría desarrollada por Hannan y Freeman (1977), se hace una asociación de la TEO con el tema del emprendimiento sostenible verificando puntos de intersección, posibilidades de utilización de las hipótesis y conceptos y sus aplicaciones.

Se optó en este caso por el enfoque ensayístico. Este enfoque está relacionado con la característica intrínseca del propósito de la discusión llevada a cabo en este texto, teniendo en cuenta que el ensayo proporciona análisis y reflexiones sobre el objeto elegido y "la forma de ensayo es la forma en que se incuban nuevos conocimientos, incluso científicos o pre-científicos" (Meneghetti, 2011, p. 323).

Para realizar el análisis antes mencionado, este se desarrollará inicialmente presentando los conceptos y características del emprendimiento sostenible seguidos del abordaje de la Teoría de la Ecología Organizacional y de ajustes sobre las influencias ambientales en las prácticas emprendedoras sostenibles de las empresas.

EMPRENDIMIENTO SOSTENIBLE

El emprendimiento sostenible añade dos conceptos: el emprendimiento y la sostenibilidad; principalmente porque las organizaciones están generando valor para el empresario (Gartner, 1985) y agentes de cambio social, en especial para el crecimiento económico (Schumpeter, 1982). En segundo lugar, la sostenibilidad refleja el uso de los recursos de una manera racional, con el fin de satisfacer las necesidades de la generación presente sin privar a las generaciones futuras de tener sus necesidades cubiertas (Comisión Mundial Sobre el Medio Ambiente y el Desarrollo [WCED], 1987).

A su vez, el desarrollo sostenible impregna las cuestiones relativas a la necesidad de encontrar el equilibrio entre las actividades humanas y la conservación del medio ambiente (Camargo, 2003; Diegues, 1996; Leff, 2001). Ante esta perspectiva, el emprendimiento sostenible combina la creación de valor, uniendo los conceptos clásicos del emprendimiento (Dalmoro, 2009) a las prácticas sociales y ambientales (Isaak, 2002; Parrish, 2009; Schlange, 2007). Por su parte, Cohen y Winn (2007) se refieren al emprendimiento sostenible como un suplemento a la definición del emprendimiento de Venkataraman (1997), indicando que es el campo de estudio que busca comprender cómo las oportunidades para desarrollar futuros bienes y servicios son descubiertas, creadas y explotadas, por quién y con qué consecuencias económicas, sociales y ambientales (Cohen; Winn, 2007).

El estudio de la iniciativa emprendedora sostenible se ha intensificado en los últimos cinco años (Boszczowski; Teixeira,

2009) estando basado en un trípode o triple bottom line (Borges; Borges; Ferreira; Najberj; Tete, 2011; Dalmoro, 2009; Dixon ; Clifford, 2007; Young; Tilley, 2006), compuesto por las dimensiones económicas, sociales y ambientales, y de ahí surgieron términos como *ecovantage* (Esty, Winston, 2008), *ecopreneurship* (Dixon, Clifford, 2007; Shaper, 2002) y *ecopreneur* (Holt, 2011), que impulsaron al emprendedor a ser económicamente viable, socialmente justo y ambientalmente correcto. Masurel (2006) también complementa añadiendo que las prácticas sostenibles de emprendimiento llevan a la empresa a tomar decisiones equilibradas entre las ganancias, las personas y el planeta y tal razonamiento es definido por el autor como el triple P: Profit, People, Planet.

Para entender esta construcción, la siguiente figura muestra la relación entre las dimensiones que conforman el trípode de la sostenibilidad y su relación con el emprendimiento.

Observando la figura anterior, se puede observar que el emprendimiento sostenible es la intersección de los conceptos emprendimiento económico, social y ambiental. Schlange (2007) señala que las empresas que invierten en emprendimiento sostenible combinan las oportunidades e intenciones de mercado para crear valor de forma simultánea dentro de estas tres perspectivas. Por lo tanto, es apropiado describir cada una de estas dimensiones/perspectivas en relación con el concepto de emprendimiento sostenible:

Dimensión económica: esta dimensión se convierte en la posibilidad de asignar y gestionar recursos de manera más eficiente, regulando el flujo de la inversión tanto pública como privada (Sachs, 1993). Para el emprendimiento tal perspectiva se traduce en una mejor gestión de los recursos para lograr una ventaja competitiva y, desde la perspectiva del emprendimiento sostenible, significa la búsqueda de oportunidades, eficiencia de mercado y resultados positivos sin dañar el medio ambiente.

Dimensión social: para los ecologistas, la dimensión social es la consolidación de los procesos de desarrollo y crecimiento orientados por la visión de lo que es una "buena" sociedad (Sachs, 1993). Los emprendedores sociales se centran en la búsqueda de soluciones a los problemas sociales y las necesidades de la comunidad (Melo; Froes, 2002), y a la luz del emprendimiento social, se discute la Responsabilidad Social Corporativa (RSC) representada por la integración de las preocupaciones sociales y medioambientales en operaciones comerciales y en sus interacciones con los interesados y comunidades (Communities, 2001). El emprendimiento sostenible se alinea con los conceptos de la RSE y se sostiene a través de la preocupación con las normas éticas de comportamiento de una relación socialmente responsable de la empresa a través de la acción del desarrollo de acciones que puedan contribuir a la mejora de la vida en la sociedad (Ashley; Coutinho; Tomei, 2000; Moreira, 2002).

Dimensión ambiental: el núcleo de esta dimensión se centra en el aumento del uso de los recursos potenciales de los diferentes ecosistemas, con un mínimo de daño para ellos, para fines socialmente válidos, limitando el consumo de combustibles fósiles y otros fácilmente agotables o perjudiciales para el medio ambiente (Sachs, 1993). Low y MacMillan (1988) resaltan la capacidad de supervivencia de las organizaciones a los requisitos ambientales, centrándose en las características del medio en el que se insertaron y asumiendo la perspectiva de ajuste estratégico.

El emprendimiento sostenible hace hincapié en tres ejes de acción para los emprendedores: económicos, sociales y ambientales (Tilley, Young, 2006) y muestra el equilibrio de éstos con el fin de generar una ventaja competitiva. En la siguiente tabla se presenta el concepto de cada una de estas dimensiones bajo los términos de sostenibilidad, emprendimiento y emprendimiento sostenible.

Dimensiones	Sostenibilidad	Emprendimiento	Emprendimiento Sostenible
Económica	Gestión eficiente de recursos (Sachs, 1993)	Gestión de los recursos para alcanzar ventaja competitiva (Low; Macmillan, 1988)	Gestión de los recursos en busca de oportunidades uniendo ventajas competitivas y preservación del medio ambiente (Sharper, 2002)
Social	Alcanzar un nivel razonable de homogeneidad social; justa distribución del ingreso e igualdad de acceso a los	Iniciativas sin fines de lucro que buscan estrategias de financiación alternativas o mecanismos de gestión y creación de valor	Las prácticas de responsabilidad social corporativa, o sea, la preocupación por el medio ambiente y las comunidades en

	recursos y servicios sociales (Santos, 2005) (Santos, 2005)	social (Mair; Marti, 2006). Busca rescatar personas en riesgo social y su promoción, y generar capital social, inclusión social y emancipación (Melo Neto; Froes, 2002).	que se insertan las organizaciones y la difusión de los valores que aproximan el emprendimiento de las personas a su alrededor, lo que resulta en la percepción de los actores externos, su papel como agente de desarrollo social (Ethos, 2011).
Ambiental	El uso de los recursos del ecosistema, a fines socialmente válidos, lo que limita el consumo de combustibles fósiles, el reciclaje, la reducción de la cantidad de contaminación, la inversión en	El rendimiento de una organización es el resultado de esta interacción con el entorno interno y externo (Houben; Lenie; Vanhoof, 1999). Las herramientas utilizadas con mayor frecuencia para medir el medio ambiente y sus variaciones son el análisis	La adopción de prácticas empresariales responsables con el medio ambiente mantiene organizaciones en el mercado y/o abren un abanico de oportunidades de negocio (Sharper, 2002).

	investigación de tecnología limpia y asegurar el cumplimiento de las normas sobre protección del medio ambiente. (Sachs, 1993)	macro ambiental- teniendo en cuenta la política y el gobierno, la tecnología, el análisis socio-demográfico, economía y ecología-, el análisis SWOT y el modelo de las cinco fuerzas de Porter.	

Por lo tanto, es evidente que el emprendimiento sostenible es la aglutinación de los propósitos de las dimensiones de sostenibilidad y del emprendimiento. Parrish (2009) afirma que el emprendimiento ejerce la capacidad de contribuir al logro de las metas organizacionales, de las políticas públicas y del avance de la tecnología, sin embargo, amplió su foco de acción a la necesidad de su contribución con el medio ambiente y la sociedad.

La preocupación por los impactos de las actividades empresariales en el medio ambiente ganó terreno en el año 1991, a partir de la divulgación por parte del ICC (Internacional Chamber of Commerce) de la "Carta Empresarial para el Desarrollo Sostenible" y la publicación del documento "Cambio de Rumbo: Una Perspectiva Empresarial Global sobre Desarrollo y el Medio Ambiente" por el BCSD (Business Councilon Sustainable

Development), en los cuales fueron establecidos principios para ser asumidos por las empresas con el fin de preservar el medio ambiente.

Por lo tanto, autores como Dixon y Clifford (2007), Hart y Milstein (1999) consideran la necesidad mundial de la divulgación de las acciones de sostenibilidad corporativa como golpe inicial para la "destrucción creativa" (Schumpeter, 1982). Este nuevo punto de vista evoca una alerta para las organizaciones de que los cambios se van a producir y de que nuevas oportunidades de mercado surgirán ya que, según Menezes (2003), las empresas que no sean capaces de atender las nuevas demandas del mercado van a morir, mientras que las que estén adaptadas a los cambios serán promovidas a la vida.

Dada la innumerable variedad de estrategias posibles para mantenerse en el mercado y lograr una ventaja competitiva, las prácticas de gestión que priorizan la preservación del medio ambiente y los beneficios sociales tienden a ser más efectivas, ya que para promover sus intereses empresarios pueden alinear selectivamente su acciones con los cambios del mercado en la expectativa de un equilibrio adecuado (DiMaggio, 1983).

Se consideró que, en la actualidad, el papel de la empresa esta volcado en aumentar los retornos económicos y el bienestar de la sociedad (Dixon, Clifford, 2007; Schlange, 2007; Tilley, Young, 2006) y la búsqueda del equilibrio de las dimensiones del emprendimiento sostenible generó la necesidad de incorporar en el pensamiento administrativo y en la formulación de las estrategias de las organizaciones, conceptos multidisciplinarios relacionados con la ecología, adoptando también valores no monetarios como parámetros de medición de la sostenibilidad (Fenker; Ferreira, 2011).

Sobre esta base, a pesar de ser un campo de estudio reciente (Boszczowski; Teixeira, 2009) y de aún no tener parámetros definidos completamente por la literatura (Dalmoro, 2009) la unión de dos conceptos consolidados- el emprendimiento y la sostenibilidad - hizo surgir el emprendimiento sostenible como un nuevo campo de investigación centrado en la homeostasis entre la organización y el mercado y cubriendo el retorno económico (ganancias y creación de valor), el retorno ambiental (reducción del consumo, reducción de la contaminación) y la rentabilidad social (igualdad de acceso a los beneficios) simultáneamente.

TEORÍA DE LA ECOLOGÍA ORGANIZACIONAL

Michael T. Hannan y John Freeman fueron los precursores en el estudio de la relación de la organización con el medioambiente. Con la publicación de The Population Ecology of Organizations colocaron como tema central la pregunta "¿por qué hay tantos tipos de organizaciones?" y, basados en la premisa de la selección natural de Darwin, tejieron argumentos y explicaciones sobre cómo la situación económica, política y social afectan a la relativa abundancia y diversidad de las organizaciones que tratan de justificar su composición mutante a lo largo del tiempo (Baum, 1998). Sobre la base de la lógica de la selección natural de la evolución biológica, este enfoque asume que la supervivencia diferencial de las empresas se explica a partir de la relación empresa-entorno (Bataglia; Meirelles, 2008).

La transposición de los conceptos de la ecología biológica en el campo de los negocios (Fischmann; Zacarelli; Timón, 1980) proporcionó analizar el entorno de las organizaciones como su hábitat natural y este ambiente seleccionar los tipos de organizaciones que se adaptan a las características ambientales (Nohria y Gulati, 1994).

Según los autores Hannan y Freeman (1977) las organizaciones nacen y mueren en función de su capacidad de adaptación al entorno en el que operan y, como los recursos disponibles son limitados y el crecimiento de las poblaciones es ilimitado, se plantea la competitividad. Por lo tanto, los investigadores buscan explicaciones para los casos de éxito y fracaso, creación y muerte de estas poblaciones organizacionales.

Para avanzar en esta dirección es útil aclarar los conceptos de organización, la población y comunidad conforme hace referencia Baum (1998).

- Organización: conjunto de personas desarrollando actividades para alcanzar los objetivos previstos;
- Población: organizaciones que participan en las actividades y los patrones similares de uso de recursos;
- Comunidad: personas que desarrollan relaciones simbióticas (Britain; Wholey, 1988) con otras personas que participan en diferentes actividades.

La relación de estos conceptos se puede ver en la figura siguiente:

De la organización a la comunidad

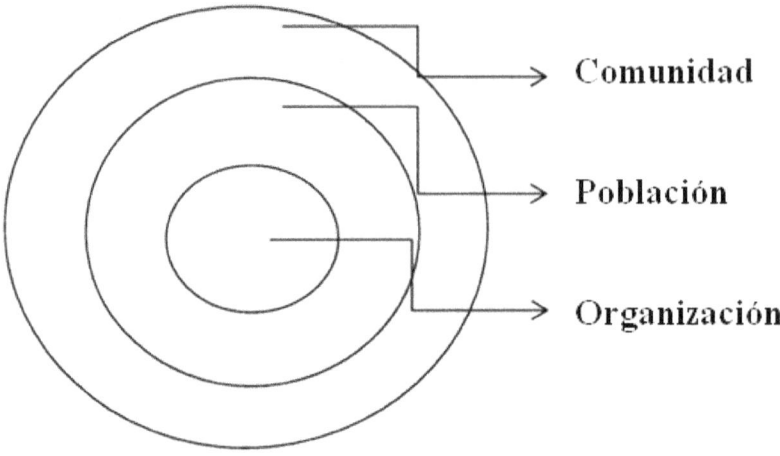

Por lo tanto, Hannan y Freeman (1977) propusieron que el debate sobre la ecología de las organizaciones considerase a las poblaciones y no a las organizaciones individuales y que el cambio actúa sobre las poblaciones a través de procesos como variación, selección, retención (Caldas; Fachin, 2005; Cunha, 1993) y competición (Aldrich, 1999; Campbell, 1965; McKelvey, 1982). Las variaciones están relacionadas con cambios directamente, intencionales o no, pudiendo incurrir en beneficios o prejuicios para las organizaciones. Cuando los dirigentes de las empresas perciben un cambio positivo, lo seleccionan en consonancia con sus grupos de interés. De esta percepción viene el benchmarking, sin embargo, cuando esas variaciones de éxito no se conocen se hace más difícil elegir y aplicar la más adecuada para la organización.

A medida que la variación de éxito es percibida, es seleccionada por la organización y retenida en sus procesos, siendo inevitable que más de una organización tenga la misma variación y desarrolle similitudes en sus procesos, lo que sin duda va a generar competencia (Aldrich, 1999; Pfeffer , 1993).

La teoría ecológica sostiene que los individuos/organizaciones no pueden siempre o con frecuencia darse cuenta de si las variaciones tendrán éxito o qué estrategias pueden adoptar para mantenerse al día con los cambios en los entornos inciertos e inestables (Baum, 1998) y esta característica es responsable de la aparición y desaparición de las organizaciones.

La creación y muerte de las organizaciones son tratadas por Baum (1998) como fundación y fracaso organizacional amparadas en las causas contextuales o ambientales - sociales, políticas y económicas - y sus variaciones determinan la supervivencia de las empresas en el nicho en el que operan.

La investigación ecológica sobre fundación y fracaso hace hincapié en tres temas (Baum, 1998), los procesos demográficos, ecológicos y ambientales, que serán explicados a continuación:

Procesos demográficos: los procesos demográficos se centran en la afirmación de que los procesos de fundación se producen a nivel de la población y los procesos de fracaso a nivel organización y de población y que cada organización y población tiene características específicas.

Para entender este proceso, el análisis demográfico se desarrolla investigando el efecto de la edad y del tamaño sobre el fracaso (Baum, 1998).

La explicación de Hannan y Freeman (1977) sobre edad y tamaño se puede entender a través de una relación de proporción: cuanto más pequeña y más joven es la organización, mayor es la incidencia de fracaso. Esto se debe a que las organizaciones más jóvenes y más pequeñas son más vulnerables, enfrentan la falta de influencia y apoyo y aún no cuentan con relaciones estables con sus grupos de interés (Baum, 1998). Esta característica se puede asociar a la proporción de supervivencia de las pequeñas empresas. Un porcentaje notable de las pequeñas empresas no sobreviven a los dos primeros años de actividad. Debido a la capacidad financiera, apoyo del gobierno y la resistencia a las turbulencias ambientales, las grandes empresas presentan mayor tendencia para permanecer en el mercado. Del mismo modo, Hannan y Freeman (1977, 1989); Hannan y Carroll (1989), Carroll y Wade (1991) sostienen que las tasas de fracaso disminuyen con el aumento de la edad y el tamaño de las organizaciones, teniendo en cuenta que el aumento de edad implica que las organizaciones tienen los recursos suficientes para seguir sobreviviendo y cuanto mayor es el tamaño mayor es la protección frente al mercado.

Procesos ecológicos: en los procesos ecológicos, las fundaciones y fracasos dependen de 1) extensiones de nicho – organizaciones especialistas y generalistas - y sostiene que en ambientes con poca variación o más refinados las organizaciones especializadas dominan a las generalistas; 2) de la dinámica poblacional y dependencia de la densidad – a mayores tasas de fundación mayor señalización de que hay un nicho fértil (Baum, 1998), factor de incentivo para nuevas fundaciones, sin embargo, conforme las fundaciones aumentan, aumenta la densidad, lo que resulta en un aumento del consumo y la motivación de la competencia por los recursos, lo que desalienta nuevas fundaciones y estimula fracasos y muertes prematuras de organizaciones; 3) de interdependencia de la comunidad - la interacción de las poblaciones origina las comunidades de organizaciones y poblaciones más competitivas y la consecuencia es la elevación de las tasas de fracaso y la reducción en las tasas de fundación.

Procesos ambientales: según Baum (1998) los cambios institucionales y los avances en tecnología configuran las formas organizativas adecuadas para el entorno. Estos procesos se asemejan a los análisis del macro ambiente y consideran las turbulencias políticas, reglamentaciones gubernamentales y la innovación tecnología factores condicionantes de los procesos ecológicos (Singh, 1993; Tucker; Meinhard, 1988) y que son capaces de influir profundamente en las organizaciones.

Es en esta construcción se percibe el énfasis dado a la selección en lugar de a la adaptación, por medio de la cual Hannan y Freeman (1977) argumentan que son los procesos selectivos los que rigen la vida de las organizaciones (Robalo, 1992) y que el proceso de adaptación no sería posible debido a la inercia estructural ya que conforme defienden los precursores de la TEO, las organizaciones son estructuras inertes y no se adaptan al entorno.

A través de la Teoría de la Inercia Estructural, los cambios en las organizaciones se consideran aislados y no transmitidos a nivel poblacional. Los autores también señalan que la inercia se centra en los arreglos de la estructura interna y las restricciones ambientales que se puede traducir de la siguiente manera:

Aspectos internos:

- Las inversiones fijas, tales como el diseño, el equipamiento y la especialización de los empleados que no son fácilmente transferidos a otros puestos o funciones;
- Limitaciones de las informaciones recibidas por los líderes sobre la organización y de las contingencias ambientales;
- Restricciones políticas internas que dificultan los procesos de cambio;
- Restricciones relativas a la misma política de la organización.

Aspectos externos:

- Los obstáculos jurídicos y fiscales a la entrada y salida del mercado son numerosos;
- Los costes de adquisición de información en entornos turbulentos;
- Aprobación externa;

Problema de la racionalidad colectiva, pues una buena estrategia para una organización no puede hacerse realidad si todas las organizaciones del nicho aplican la misma estrategia.

La presencia de estas características, por separado o no, y sus resultados comprueban la inercia de las organizaciones y, por lo tanto, la adaptación de estas al entorno es improbable.

Hatch (1997) afirma que una de las características de este enfoque es que las acciones van desde el entorno y que los dirigentes no pueden controlar los cambios impuestos a las empresas. Donaldson (1995) lo refuerza afirmando que en la TEO el entorno externo es proactivo y la racionalidad organizacional se diluye en la lógica de la población (Cunha, 1999).

Es conveniente, entonces, resaltar la cuestión del isomorfismo que, según la propuesta de DiMaggio y Powell (1991), es el proceso en el que una organización tiende a parecerse a otras organizaciones que se enfrentan al mismo conjunto de condiciones ambientales. Hannan y Freeman (1977) también hacen hincapié en que el isomorfismo fuerza a las empresas a enfrentar limitaciones ambientales similares y por esa razón adoptan características similares. Por lo tanto, diferentes empresas en el mismo campo organizacional tienden a homogeneizar sus prácticas y estructuras, en un proceso isomórfico de respuesta a las solicitudes ambientales, en la búsqueda de legitimidad (Diniz, 2003).

Para homogeneizar sus prácticas, las empresas se enfrentan a cambios, pero desde la perspectiva de los ecologistas organizacionales, cómo las organizaciones son relativamente inertes, los cambios son difíciles, poco frecuentes, peligrosos y elevan el fracaso a corto plazo, es decir, las organizaciones pueden fracasar debido a los numerosos intentos de supervivencia para responder a los cambios del entorno (Baum, 1998).

Dado lo anterior, cabe señalar que la TEO parafraseó los conceptos de la ecología biológica, consagrados y presentes en la ciencia desde hace años, por lo que las definiciones de la ecología organizacional nacen en la edad adulta (Fischmann; Zacarelli; Timón, 1980) proporcionando una mejor comprensión dada la posibilidad de asociación.

LOS EFECTOS DEL ENTORNO SOBRE LAS ORGANIZACIONES

Los estudios de Hannan y Freeman (1977) se desarrollan principalmente en la capacidad de las organizaciones para analizar los cambios ambientales y, a partir de patrones de selección y competencia, desarrollarse y poner en marcha sus ajustes en el transcurso del tiempo, con el fin de permanecer en el mercado.

Dichos autores trazan una metáfora biológica en relación a las organizaciones y el entorno en el que están inmersas, proponiendo en el área empresarial las teorías de la biología y de la ecología para hacer hincapié en la importancia de los patrones evolutivos de las organizaciones, del nacimiento y la muerte de las empresas y de la selección.

Dicho esto, es esencial establecer un paralelismo entre la TEO y el emprendimiento sostenible partiendo del presupuesto de que el crecimiento económico del país, relacionado con el aumento de la producción de bienes de consumo (Fenker; Ferreira, 2011), genera residuos que tienen un impacto negativo en el ambiente que se refleja en una nueva tendencia del mercado: las empresas verdes (Esty, Winston, 2008; Savitz, 2007), el eco-emprendimiento (Dixon, Clifford, 2007; Sharper, 2002), el green entrepreneurship (Walley; Taylor, 2003) y muchos otros términos que se traducen en acciones emprendedoras con motivaciones ambientales y sociales.

El enfoque de empresa verde gira en torno a la premisa de que el éxito no depende exclusivamente de sus productos/servicios, de sus estrategias y de la eficiencia de su producción, sino también de la relación hombre y naturaleza.

Las preocupaciones sobre el clima y los efectos de la industria sobre la atmósfera ya no es exclusiva de los ecologistas y pasa a ser parte de la agenda de empresarios y, en la medida en que crece la conciencia ambiental, también aumenta la demanda de productos que no dañen el medio ambiente, haciendo surgir y fracasar negocios.

El marketing verde es utilizado por muchas organizaciones como una estrategia para permanecer en el mercado debido a la perspectiva global del aumento de consumidores verdes (Baker, 2003). Empresas de todos los tamaños están sujetas a esta "ola verde" y conforme Parrish (2009) hay dos razones para esto: la primera es seguir obteniendo beneficio, contribuyendo al desarrollo sostenible, y para el equilibrio de la triple bottom linee, es decir, los empresarios ponen en marcha acciones de sostenibilidad cuando éstas les proporcionan rendimientos financieros; la segunda es que hay empresas que han nacido con el objetivo de contribuir a la mejora y al bienestar social, estas, desde la perspectiva de la ecología organizacional, presentan menos problemas en relación con los cambios ambientales, a fin de que se presenten en el entorno ya adaptadas.

El emprendimiento verde es un área de crecimiento y esta ola no es transitoria, en la que surgirán oportunidades en gran escala, a lo largo de mucho tiempo (Callegari, 2010). Esto puede ser confirmado mediante el estudio de Schultz-Pereira y Guimaraes

(2009, p. 2), en el que los autores afirman que: *muchas empresas no tenían otra alternativa que buscar una política de gestión ambiental, ya que las prácticas ambientales comenzaron a ser valoradas y más tarde llegaron a ser vistas como un elemento diferenciador entre las organizaciones que deseaban permanecer en el mercado.*

Por lo tanto, parece que las organizaciones están integradas en un entorno en constante cambio y de competencia intensa, influenciadas por factores internos y externos que pueden ser decisivos en el éxito y el fracaso de la misma.

Es en este punto donde se basa este análisis, teniendo en cuenta que el mercado actual vuelca sus expectativas para las organizaciones preocupadas con los resultados de sus prácticas en el medioambiente, y por lo tanto es interesante observar que la BM&F Bovespa (2011), en sus informes señala que hace unos años comenzó una tendencia global de inversiones en empresas socialmente responsables. La creencia es que son más rentables a largo plazo, principalmente porque responden a la necesidad de cambios con respecto a sus prácticas sociales y ambientales (Boszczowski; Teixeira, 2009).

Los cambios en los estudios de la ecología organizacional, impactan en las organizaciones visto que estas pueden responder a los cambios ambientales por la reticencia, la incapacidad para cambiar o fracasar en el logro de los esfuerzos para el cambio (Baum, 1998).

Dentro de este aspecto, es la existencia de un eslabón entre TEO y el emprendimiento sostenible, al considerar que en un proceso de cambio las empresas menos adaptadas mueren en cuanto las más adecuadas permanecerán en el mercado. Esta afirmativa refleja una situación real, en que las organizaciones que contaminan y no se preocupan con el medio social y natural tienden a fracasar a largo plazo, dando lugar a aquellas que llenan el mismo nicho de mercado sin degradar el medio ambiente.

Caldas y Cunha (2005, p. 66) enfatizan que "... es probable que un determinado formato organizacional domina la población hasta el punto de que algunos cambios en el entorno favorecen la dominación de otras formas, previamente más escasas, debido a que eran menos ajustadas", y esta afirmación se puede asociar a la necesidad actual de las empresas de entender la interfaz entre el ecologismo y los negocios.

Los ecologistas organizacionales tratan de explicar cómo algunas variaciones ambientales comprometen la diversidad de organizaciones y cómo estas justifican su composición cambiante en el tiempo (Baum, 1998). Del mismo modo, teniendo en cuenta la tendencia del emprendimiento sostenible, los cambios en la economía alteraron claramente el comportamiento social, productivo e innovador de las poblaciones, donde el hombre contemporáneo se encuentra en transformaciones vigorosas por la explosión de nuevos nichos sociales y ambientales que redirigen la atención de los gobiernos, los investigadores y los empresarios.

Esta tendencia del mercado causó turbulencias ambientales haciendo que las organizaciones planeasen sus estrategias de acuerdo con el ambiente (Lawrence; Lorsch, 1967), intensificando la competencia y la formación de nuevas poblaciones organizacionales.

La aparición de poblaciones organizacionales y el conocimiento de la selva (conjunto de organizaciones) en lugar de árboles (una organización) son tratados por Esty y Winston (2008) como una herramienta para la ecoventaja considerando que centrarse sólo en organizaciones es estimado por los autores como uno de los trece errores que contribuyen a la muerte de las empresas.

Además, vale la pena destacar que los cambios en el medio ambiente afectan al mercado y se reflejan en la forma tradicional de hacer negocios y prácticamente todas las empresas, grandes o pequeñas, se enfrentan a los consecuencias de estas variaciones. Ante tantas presiones, las organizaciones necesitan mantenerse a la par de los problemas, entender la ciencia detrás de ellos e identificar donde están sus impactos en la cadena de valor (Esty, Winston, 2008).

Aún para Esty y Winston (2008, p. 62), los efectos de estas mutaciones en los mercados son imprevisibles generando riesgos y oportunidades "pero las empresas inteligentes desarrollan herramientas para comprender las condiciones de mercado que enfrentan y su constante evolución."

En vista de estas posiciones cabe retomar la pregunta: ¿el mercado escoge a los más adaptados?

Al partir del presupuesto de la intensa explotación de los recursos y, en consecuencia, de su escasez, ya que los mismos son finitos, el mercado actual premia a las empresas que invierten en la conservación de estos recursos y adoptan prácticas de sostenibilidad. Cabe señalar que los gobiernos incentivan los emprendimientos que cargan en su misión objetivos sociales y medioambientales, lo que corrobora la teoría de Hannan y Freeman (1977), cuando los autores describen que las poblaciones favorables al entorno son seleccionadas, conservadas y preservadas.

Entonces se puede responder a la pregunta diciendo que los presupuesto de la teoría de Darwin se presentan también en las relaciones organización x mercado, como lo propuesto para la TEO, y trazando una comparación entre biología y emprendimiento resalta que el ambiente, a través de sus mutaciones, determina la población que va a sobrevivir, así como el mercado indicará aquellas empresas que están atendiendo a sus exigencias para continuar con el logro de la ventaja competitiva.

CONSIDERACIONES FINALES

Al articular el emprendimiento sostenible y la Teoría de la Ecología Organizacional, se percibe que los conceptos postulados por Hannan y Freeman (1977) se entrelazan con los propósitos de las "perspectivas verdes" del mercado.

La presentación de la TEO como teoría organizacional, basada en la selección natural de Darwin, allanó el camino para las comparaciones entre los ciclos biológicos y las estrategias de mercado con el fin de la ventaja competitiva y preservación socio-ambiental. El conocimiento del ambiente y de las necesidades de las partes interesadas para potenciar los niveles de éxito organizacional y provocar la competencia entre las organizaciones que deben entender los requerimientos del entorno para permanecer activas.

La competencia se figura en la lista de estrategias encaminadas para el conocimiento del mercado y en la capacidad de responder a los cambios del entorno donde se produce el proceso de la selección natural y, por lo tanto, la supervivencia de algunas poblaciones y la muerte de otras.

El emprendimiento sostenible es un nuevo campo de estudio, en el que los beneficios deben ir junto a la mejora social y ambiental y las empresas más inteligentes concretan los ideales de la ola verde, minimizando los riesgos, maximizando los beneficios y encontrando un lugar en el mercado.

Siendo así, al analizar las directrices de la teoría de la ecología organizacional y comprobar los fundamentos del emprendimiento sostenible, cabe señalar que una de las principales tendencias del mercado es la inversión en organizaciones que simultáneamente priorizan el equilibrio económico, social y ambiental, luego, se constata que el entorno selecciona a aquellas empresas que asignan los mismos pesos a esas tres dimensiones.

Por último, cabe destacar que se buscó establecer un paralelismo entre el emprendimiento sostenible y la teoría de la ecología organizacional con la finalidad de entender si el principal argumento de la construcción de Hannan y Freeman se ajusta a la realidad empresarial de la ecoventaja discutida a lo largo de este capítulo. Su principal contribución está en la capacidad reflexiva para hacer asociaciones teóricas y temáticas únicas para entender una determinada posibilidad de análisis de la realidad, considerando que la forma de ensayo es la forma en como se incuban nuevos conocimientos, incluso científico o pre-científicos (Meneghetti, FK, 2011, p. 323).

A partir de las reflexiones y las asociaciones hechas en este texto sería oportuno proponer estudios empíricos basados en los supuestos y categorías de análisis de la TEO en sectores empresariales tradicionales y sostenibles, tratando de evaluar la aplicación de la selección ambiental comparativamente. También se sugiere ampliar el estudio del emprendimiento sostenible a otras teorías organizacionales, como la teoría de los recursos e institucional, observando no sólo la relación en la que el entorno selecciona a los más adaptados sino también averiguando la capacidad de adaptación de las organizaciones a las presiones ambientales y de su legitimidad en vista a las presiones ambientales.

DEFINICIONES Y FORMAS DE EMPRENDIMIENTO CORPORATIVO

Vamos a revisar los conceptos y formas de emprender dentro de las empresas, es decir, el emprendimiento corporativo. Mostraremos definiciones diferentes con distintos usos pero dentro del mismo contexto: la empresa. En una segunda etapa se intentará rescatar una comparación con los emprendedores que trabajan de forma independiente, en sus propios negocios, para una mejor fijación de las diferencias y similitudes de los dos aspectos principales del emprendimiento.

INTRODUCCIÓN

El actual escenario económico mundial está envuelto con la incertidumbre y la angustia hacia el marco de la recesión económica mundial ocurrida hace unos años, con algunos países todavía en fase de recuperación y otros en el inicio de nuevas expansiones. En convergencia con esto, crece en las últimas décadas una gran reducción de personal en las grandes corporaciones, reestructuraciones, cierres, privatizaciones, robótica, tecnología de la informatización, fusiones o herramientas administrativas, como el downsizing (Henry; Frances; Leith, 2005).

En convergencia con este marco, hay profundos cambios experimentados en las últimas décadas en muchos aspectos diferentes - políticos, sociales, tecnológicos y económicos - que han generado inseguridad en toda la sociedad debido a la gran sensación de incertidumbre que los domina. Este escenario impulsó cambios en las estrategias competitivas, ya que se ha reducido gradualmente la intensidad de la ventaja competitiva lograda por el lanzamiento de nuevos productos y servicios. Por otra parte, también el tiempo de esta ventaja es igualmente corto y ha ido disminuyendo en las últimas décadas. Se instala entonces un ambiente de hipercompetición en el cual las organizaciones se ven obligadas a buscar nuevas formas de gestión con predominio en el desarrollo de la capacidad de innovación de sus individuos, es decir, por medio de acciones intra-emprendedoras o también llamadas emprendimiento corporativo (Vargas, 2002).

Kuratko, Ireland y Hornsby (2001) destacan que hubo una revolución a lo largo de las décadas de los años 80 y 90 sobre el valor de las acciones emprendedoras como factor que contribuye al desempeño de las empresas. Fue un período en el que las empresas estaban redefiniendo su negocio mientras reflexionaban sobre cómo utilizar mejor sus recursos humanos y aprender a competir en la economía global. Señalan que algunas de las empresas más conocidas en el mundo han sufrido cambios para ser más emprendedoras, a través de años de reorganización y reestructuración promoviendo cambios en la identidad o la cultura de estas empresas, mientras fundían en lo cotidiano el nuevo espíritu emprendedor a lo largo de sus operaciones.

EL EMPRENDIMIENTO CORPORATIVO

El emprendimiento corporativo es considerado uno de los principales aspectos responsables del desarrollo organizativo y económico, así como de generar riqueza. Como resultado, los académicos y los profesionales del mercado han mostrado un creciente interés en este campo desde mediados de los años ochenta debido al efecto beneficioso en la revitalización y el desempeño de las empresas (Antoncic; Hisrish, 2004), especialmente cuando se inserta en entornos competitivos que desafían la gestión tradicional a través de las discontinuidades creadas por la economía global, alta volatilidad, hipercompetitividad, los cambios demográficos, la competencia basada en el conocimiento y la desaparición de sectores acompañados por un enorme crecimiento de otros (Dess; Lumpkin; Covin, 1997).

Tales beneficios citados son independientes del tamaño de la organización, visto que pequeñas, medianas y grandes empresas han fundado su búsqueda de la ventaja competitiva y oportunidades en acciones emprendedoras de sus empleados, creando innovaciones, renovaciones y negocios corporativos nuevos (Ferreira, 2001). Pero no sólo las organizaciones añaden los frutos del emprendimiento corporativo, toda una economía puede verse afectada a través del aumento de la productividad, la mejora de las mejores prácticas, creando nuevas industrias y realzando la competitividad internacional (Antoncic; Hisrish, 2004). Por estas razones, el uso de las habilidades emprendedoras dentro de las organizaciones en los últimos años ha sido, desde entonces, el tema de calurosos debates entre profesionales y académicos. Cuando las actividades emprendedoras se establecen dentro de una empresa existente, de forma general, se utiliza el término emprendimiento corporativo o intra-emprendimiento (Pinchot III, 1989; Kuratko, Ireland, Hornsby, 2001).

Esta terminología se considera legítima, basada en el hecho de que el proceso emprendedor puede ser aplicado sin pérdida conceptual tanto al emprendimiento como al intra-emprendimiento, pues la oportunidad, los recursos y el equipo emprendedor son aspectos clave, independientemente de la organización (Timmons; Spinelli, 1994).

Durante la década de los años 80 y a lo largo de los años 90 hubo una revolución sobre el valor de las acciones emprendedoras como contribuyente para el desempeño de las empresas. Fue un período en el que las empresas fueron redefiniendo su negocio ya que reflexionaron sobre la mejor manera de utilizar sus recursos humanos y aprender a competir en la economía global (Kuratko; Montagno; Hornsby, 1990). Las grandes empresas como IBM o Siemens pasaron a enfrentar grandes dificultades para competir con nuevas empresas más rápidas y oportunistas, desafiándolos con precios más bajos, nuevos diseños y desarrollo de productos rápidamente. A pesar de que esta disminución fue más pronunciada en la industria, el sector financiero también se vio afectado por los competidores ágiles, en donde muchos bancos tuvieron que comprar a sus nuevos rivales más eficientes para sobrevivir (Thornberry, 2003). De esta forma, algunas de las empresas más conocidas del mundo tuvieron que soportar los cambios para superar este tipo de problemas y ser más emprendedoras, a través de años de reorganización y reestructuración, promocionando cambios en la identidad o la cultura de estas empresas, mezclando en lo diario el nuevo espíritu emprendedor a lo largo de sus operaciones.

Sin embargo, el desarrollo de actividades emprendedoras dentro de una corporación fue y es difícil de implementar porque involucra cambios interiores radicales y cambiar el comportamiento organizacional. Los principales obstáculos que hay que superar en el emprendimiento corporativo incluyen: cambios necesarios, innovaciones y mejoras en la posición en el mercado para evitar el estancamiento y la decadencia; debilidades percibidas en los métodos tradicionales de gestión empresarial; y renovación de los empleados desilusionados con la burocracia del modelo organizacional (Kuratko; Montagno; Hornsby, 1990).

Ejecutivos y directivos de las industrias de todos los sectores trataron, y tratan a día de hoy, de contribuir a potenciar aún más el éxito de sus organizaciones, incentivando el comportamiento emprendedor de sus empleados. Pero no sólo con respecto a la cuestión de la creación de nuevas negocios, sino en torno de algo más amplio, conectado con una orientación constante a la acción, pensando de forma diferente, siempre en busca de nuevas oportunidades para la empresa y la creación de algo nuevo. Todo ello con la intención básica de la transformación de estas acciones en beneficio para la organización, en el que recibe un destaque especial el papel del líder, responsable de orientar y estimular este proceso en sus empleados (Dornelas, 2003). Si la organización no tiene un liderazgo bien establecido en todos sus niveles, que permita la integración vertical y horizontal, ideas innovadoras, que por ventura puedan surgir, pueden encontrar resistencia en otros sectores de la empresa y no ser implementadas y, por tanto, no llegar a obtener las ganancias para la empresa (Mintzberg, 1995).

Por lo tanto, para facilitar el comportamiento emprendedor de las personas dentro de la organización, se hace necesaria la implementación de una gestión emprendedora y no continuar con una gestión puramente administrativa. La gestión emprendedora asume como presupuesto hacer posible a los miembros de una organización facilidades para crear cambios, buscar iniciativas emprendedoras mediante el desarrollo de algo nuevo y recompensarlos por este esfuerzo. Por el contrario, la gestión administrativa está orientada a la implementación de las actividades existentes, en la que cada persona y departamento conocen su lugar, y su objetivo principal es asegurar la continuidad de las actividades ya desarrolladas (Kanter apud. Eliasson; Davidsson, 2003).

DEFINICIONES Y FORMAS DE EMPRENDIMIENTO CORPORATIVO

Con respecto a la definición de emprendimiento corporativo, no hay una sola vertiente aceptada como universal (Ferreira, 2001), así como no hay consenso sobre la definición de emprendimiento. A pesar de esta falta de convergencia en cuanto al término, la literatura sobre el emprendimiento corporativo revela dos tendencias principales: la primera se centra en el individuo que implementa innovaciones en la empresa, presentando el emprendimiento corporativo como un conjunto de características psicológicas, de atributos personales y también de roles o funciones de los empresarios que trabajan en la organización. La segunda línea de tendencia busca demostrar el proceso intra-emprendedor, los factores que conducen a su aparición y las condiciones requeridas, esbozando el emprendimiento corporativo como un modo organizacional, que se caracteriza por factores tales como la libertad y la autonomía, permitiendo a sus empleados estar siempre en busca de innovación (Carrier, 1996).

Entre las diversas definiciones o términos utilizados en la investigación, los usados más frecuente y que reciben mayor énfasis son: la emprendimiento corporativo (Zahra; Covin, 1995; Sharma; Chrisman, 1999; Dornelas, 2003) e intra-emprendimiento (Antoncic; Hirisch, 2003; Carrier, 1996; McGinnis; Verney, 1987; Luchsinger; Bagby, 1987; Pinchot III, 1989). Sharma y Chrisman (1999) y Ferreira (2001) también identificaron otros términos utilizados en la literatura, tales como: emprendimiento corporativo interno, emprendimiento interno, emprendimiento corporativo, renovación estratégica, negocios corporativos, administración de negocios, nuevos negocios, corporate venturing o simplemente venturing. La definición que se utiliza con más frecuencia es emprendimiento corporativo.

Antoncic e Hisrish (2003, p. 3), al utilizar el término emprendimiento corporativo, denominan a la expresión de la siguiente manera: *(...) emprendimiento corporativo se define como el emprendimiento dentro de una organización existente, utilizando intenciones de comportamiento emergentes y conductas de una organización, que difieren de la forma habitual de hacer negocios. Procesos de emprendimiento corporativo tienen lugar en una empresa ya existente, independientemente de su tamaño y no sólo se utiliza en la creación de nuevos negocios, sino también para otras actividades innovadoras, como el desarrollo de nuevos productos, servicios, tecnologías, técnicas de gestión, estrategias y posiciones competitivas. Las características de emprendimiento corporativo incluyen: nuevos negocios, innovación de productos/servicios, innovación de procesos, alta renovación, la asunción de riesgos, la proactividad y la agresividad competitiva.*

Este concepto está en línea, o en sinergia, con el concepto de Schumpeter (1982), en el que el emprendimiento se refiere a la creación de valor a través de nuevas combinaciones que causan discontinuidad.

Usando la denominación intra-emprendimiento, MgGinnis y Verney (1987) la clasifican de la forma más sencilla: es el fortalecimiento del "espíritu emprendedor" en una organización pequeña o grande, integrado en su cultura.

Compartiendo la misma denominación, Pinchot III (1989), complementa estos conceptos al estipular que los intra-emprendedores "son aquellos que asumen la responsabilidad de crear cualquier tipo de innovación dentro de una organización, (...) es siempre el soñador que concibe cómo convertir una idea en una realidad rentable".

Zahra y Covin (1995) añaden que, como resultado de tales funciones tan importantes, el emprendimiento corporativo se convierte en esencial para revitalizar las organizaciones, principalmente a través de la toma de riesgos, innovación y comportamiento competitivo. Estos comportamientos son entonces reflejados en las decisiones de la cúpula de la organización en relación con: las decisiones de inversión y acciones estratégicas en un contexto de incertidumbre; el alcance y la frecuencia de las innovaciones de productos, relacionando la tendencia para el liderazgo tecnológico y también allana el camino para una propensión a las empresas para competir de manera más agresiva y proactiva con las compañías rivales. Sin embargo, los autores dejan claro que no todos los esfuerzos de emprendimiento corporativo optimizan el rendimiento de la empresa ya que como son actividades que implican riesgo, en consecuencia, pueden ser perjudiciales para las compañías de bajo desarrollo financiero. Además, organizaciones pobres, con falta de enfoque estratégico y políticas organizacionales disfuncionales a menudo destruyen las actividades de emprendimiento corporativo de la organización. Carrier (1996) señala, sin embargo, que no sólo las grandes organizaciones con altos beneficios pueden buscar procesos intra-emprendedores, sino también las pequeñas empresas.

Al hacer hincapié en el marco de los horizontes que el emprendimiento corporativo alcanza, Dornelas (2003) argumenta que no sólo habla acerca de algo nuevo o una mera adaptación de la iniciativa empresarial. Sino, de la ampliación de la definición del emprendimiento, aplicándolo a otras áreas, sin pérdida conceptual, de manera que las empresas lo pueden implementar para generar los cambios necesarios para perseguir la innovación, y por lo tanto el éxito.

Sharma y Chrisman (1999, p. 20), utilizan una definición más amplia del emprendimiento corporativo al incluir reformas estratégicas. En este concepto, los autores acuñan el término emprendimiento corporativo al proceso en el que un individuo o grupo de individuos, en asociación con una organización existente, crea nuevo negocio corporativo - ya sea dentro o fuera de la organización, o instiga la renovación estratégica o la innovación dentro de esa organización. La figura que se muestra a continuación recoge la visión del emprendimiento corporativo de los autores y sus respectivas ramificaciones en los negocios sociales dentro y fuera de la organización.

FORMAS DE EMPRENDIMIENTO CORPORATIVO

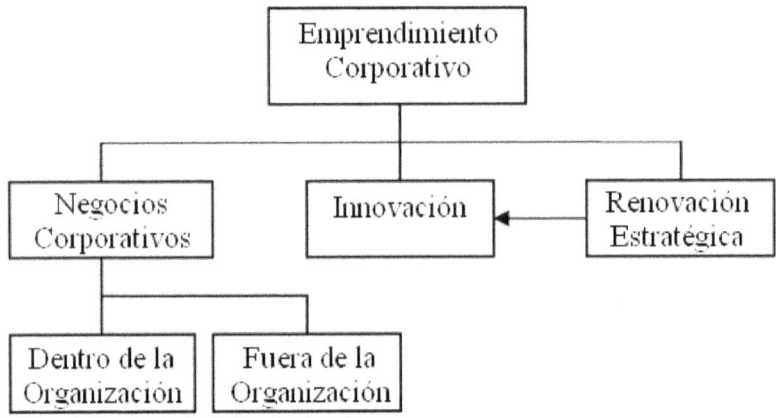

Se hizo hincapié en la renovación estratégica como los esfuerzos corporativos que producen cambios significativos en los negocios de la organización, sus estrategias o estructura. Estos cambios alteran las relaciones pre-existentes dentro de la organización o con su entorno exterior y, por lo general, implica algún tipo de innovación. La diferencia principal para la generación de negocios corporativos es que si bien se trata de la creación de nuevos negocios, la renovación estratégica conduce a una reconfiguración de los negocios existentes dentro de la corporación (Sharma; Chrisman, 1999). En un intento de aclarar la renovación estratégica, Ferreira (2001) argumenta que esta implica la creación de bienes y/o riqueza a través de la combinación de nuevos recursos. Incluye acciones de reorientación de la competencia empresarial, haciendo cambios principalmente en la comercialización o la distribución, redireccionamiento del desarrollo de productos y operaciones de reformulación.

Negocios corporativos fuera de la organización se refieren a algo que se genera internamente en un primer momento - como innovaciones o proyectos internos, y que en un segundo momento se convierten en nuevos negocios fuera de la misma, por alguna razón estratégica, en forma de spin-offs, joint-ventures con otras empresas o través de inversiones de capital riesgo. De este modo, el nuevo proyecto o negocio tiene, en última instancia, reglas propias y es más autónomo, no siguiendo las reglas existentes en la empresa en la que se generó (Dornelas, 2003).

Entre estas ramificaciones relacionadas con el emprendimiento corporativo, todas tienen elementos en común, tales como: la creación de algo nuevo que antes no existía; estas innovaciones requieren recursos adicionales y/o cambios en los patrones de los recursos empleados en la organización y el aprendizaje de como asignar estas innovaciones y sus implementaciones en lo que resultan en el desarrollo de nuevas habilidades y capacidades organizacionales (Thornyberry, 2003).

Otra diferenciación conceptual se refiere al emprendimiento corporativo formal e informal. Según Ferreira (2001), los esfuerzos informales - resultado de la creatividad individual o la búsqueda de intereses personales, se producen de manera autónoma, con o sin el permiso oficial de la organización. Cuando reciben la autorización formal de la empresa, se convierten en parte integrante de la misma. Finalmente, llega a la conclusión de que las organizaciones deben buscar ambos aspectos, formales e informales, para componer un ambiente adecuado de emprendimiento corporativo en la organización.

Barringer y Bluendorn (1999) contribuyen a las teorías con una posición más peculiar al decir que el emprendimiento corporativo es un fenómeno de comportamiento en el que todas las empresas se posicionan dentro de un *continuum* que se encuadra de muy conservador a muy emprendedor. Empresas emprendedoras asumen riesgos, son innovadoras y proactivas mientras que las empresas conservadoras son contrarias al riesgo, menos innovadoras y tienden a "esperar para ver". El posicionamiento de la empresa en este *continuum* se llama intensidad emprendedora, que actuará como un barómetro de la capacidad competitiva de la organización en un entorno turbulento.

Por lo tanto, esta expansión de la perspectiva del emprendimiento dejó el término más ligado a las características antes mencionadas - la capacidad de asumir riesgos, búsqueda de innovación y proactividad, que se pueden aplicar a los procesos corporativos, así como a la propia empresa (Sharma; Chrisman 1999; Zahra; covin, 1995). El término proactividad puede conducir a diferentes conceptos de acuerdo con la referencia de cada jugador, por lo que es importante tener en cuenta que la expresión se refiere a la capacidad de la organización de ganar a sus competidores mediante la introducción de nuevos productos, servicios o tecnologías en el mercado (Zahra; Covin, 1995).

Kuratko, Montagno y Hornsby (1990), por su parte, propusieron un modelo para evaluar el grado de emprendimiento corporativo mediante la combinación de estas tres características que permite evaluar cómo una organización es emprendedora en un período determinado de tiempo. Viabilizarán esa proposición gracias a la combinación de grado y la frecuencia de emprendimiento para luego definir la intensidad emprendedora de la organización.

Dirigiendo la mirada sólo hacia la variable de la innovación, se puede ver que esta es una de las principales claves para el desarrollo de las habilidades empresariales, permitiendo a las organizaciones explorar y desarrollar procesos innovadores. En función de tamaña importancia, cada vez mayores esfuerzos están siendo dirigidos a la comprensión de cómo gestionar con eficacia el proceso de creación de la innovación en las empresas (Arzt y Norman, 2001). Mintzberg (1995) afirma que la estructura adhocrática es la que más fomenta y promueve la innovación, de entre las cinco configuraciones de organización que analiza en sus estudios.

Esta configuración se caracteriza por ser una estructura orgánica, con poca formalización de comportamiento, de gran especialización horizontal del trabajo basado en la capacitación formal, tendencia para agrupar a los expertos en equipos funcionales, interconectados entre si y descentralizados, los cuales se encuentran en varios puntos de la organización e involucran varias combinaciones de gerentes de línea y técnicos de asesoría y operación. El autor también señala que la llamada estructura simple también permite la innovación, pero es una innovación limitada a entornos sencillos.

Para Zahra y Covin (1995, p. 47), la búsqueda de la innovación como fuente de ventaja competitiva para las empresas es una de las razones para esperar una relación positiva y creciente entre las actividades de emprendimiento corporativo y el desempeño de la empresa. Y llegan a la conclusión: "Las empresas innovadoras a menudo se desarrollan con más fuerza, con una reputación de mercado positiva que garantiza la fidelidad del cliente. También vigilan los cambios en el mercado y responden con mayor rapidez, capitalizando las oportunidades emergentes, (...) las empresas emprendedoras sostenidas por la innovación pueden aumentar la distancia de sus rivales".

Entendida la línea de alcance del emprendimiento corporativo, es interesante observar cómo los empleados de las organizaciones pueden utilizar este comportamiento para generar beneficios para sus respectivas empresas, y señala que algunas personas son más propensas a buscar oportunidades que otras, incluidas las que tienen un comportamiento emprendedor. Por esta razón, la organización - a través de sus líderes o altos cargos ejecutivos, juega un papel importante en la estimulación de forma correcta de este comportamiento en sus empleados que, entre otras actitudes, deben incluir (Dornelas, 2003):

- Visión emprendedora claramente definida y constantemente reforzada;
- Proporcionar un sistema de recompensas y reconocimiento a los empleados, incluyendo la participación en los beneficios, opciones de compra de acciones de la compañía, entre otras;
- Fomentar la mejora de los resultados, asumiendo riesgos calculados, sin penalizaciones o sanciones por incumplimiento;

- Disponer de pequeñas unidades organizativas con equipos multi-funcionales;
- Establecer varios roles a las personas, alentando/desalentado iniciativas y la experimentación;
- Permitir el acceso sin restricciones a la información;
- Aplicar fondos corporativos para la inversión en nuevos negocios;
- Llevar a la empresa (en todos los niveles) la voz del consumidor.

DIFERENCIAS Y SIMILITUDES ENTRE EMPRENDEDORES E INTRA-EMPRENDEDORES

De entre todas las características de comportamiento del perfil emprendedor, la cuestión de la propensión del emprendedor para asumir riesgos es muy discutida en la literatura. Pero Schumpeter (1982) y varios académicos (Busenitz; Barney, 1997) son contrarios, diciendo que esta característica es inherente tanto al emprendedor como al propietario de una pequeña empresa, e incluso el gerente de una multinacional. Al igual que muchos otros estudios, elaboran conclusiones que se convierten en un mosaico de perfiles, sin una distinción clara de lo que es uno u otro. Pero lo que vemos es que estas contradicciones se resuelven a menudo caracterizando al emprendedor como la persona que asume riesgos. Actualmente, el foco de esta discusión se ha desplazado hacia la comprensión de cómo los emprendedores han logrado gestionar el riesgo inherente en una oportunidad emprendedora (Busenitz; Barney, 1997).

Volviendo la mirada a la característica de la "necesidad de realización" Stewart-Jr, Watson y Carland (1999) señalan que esta puede no ser la variable más importante para distinguir los gerentes de emprendedores, de acuerdo con los pocos estudios que realizan una comparación utilizando esta característica. Sólo indican que existen evidencia en algunos estudios que apoyan la proposición de McClelland de que los emprendedores son más propensos a buscar la realización de lo que los administradores. Dornelas (2003), por su parte, presenta una matriz que permite clasificar los individuos en emprendedores, inventores y gestores, como se muestra a continuación:

¿QUIÉN ES EL EMPRENDEDOR?

Creatividad e innovación		
Alta	Inventor	Emprendedor
Baja	La gran mayoría	Gerente, administrador
	Baja — Habilidades gerenciales y know-how en negocios — Alta	

Por lo tanto, la diferencia del emprendedor al inventor es que el emprendedor utiliza su creatividad junto con sus habilidades de gestión y conocimiento del negocio para identificar oportunidades de innovar. El inventor no tiene el compromiso de crear algo con fines económicos, su motivación es la creación, el descubrimiento y nada más. El autor sigue la argumentación diciendo que la diferencia del emprendedor al administrador común (o gerente) es que el emprendedor va más allá de las tareas generalmente relacionadas con las tareas de gestión, tiene una visión más amplia y no se contenta con sólo hacer lo que debe hacerse. Él quiere más y busca hacer más. Todo emprendedor necesita ser un buen administrador para poder tomar las decisiones correctas en el momento adecuado, para establecer prioridades y gestionar. Por otro lado, no todos los directivos tienen las habilidades y las aspiraciones de los emprendedores. Es importante recordar, que una corriente de la literatura (Barringer; Bluendorn, 1999; Sharma; Chrisman, 1999; Zahra; Covin, 1995) señala que algunos administradores pueden encajar el *continuun* emprendedor.

Un segmento de la literatura busca resaltar algunas diferencias y similitudes entre los emprendedores y los intra-emprendedores (emprendedores corporativos), en la búsqueda de una comprensión clara de la conducta emprendedora. Inicialmente, con respecto a sus similitudes, se enfatiza que ambos estimulan el aumento de la productividad y la creación de valor a través de sus esfuerzos y dependen en gran medida de los procesos que generen innovación (Luchsinger; Bagby, 1987). En relación con sus diferencias, se puede ver que estas son más sutiles, ya que ambos tienen las características del perfil y del comportamiento emprendedor, pero aún así algunas diferencias pueden ser detectadas. La diferencia esencial es que mientras uno emprende en su propio negocio, el emprendedor corporativo emprende un negocio dentro de una organización (Carton; Hofer; Meeks, 1998), sea buscando innovaciones a través de nuevos proyectos, nuevas estructuras, nuevos negocios, o incluso buscando una renovación estratégica (Dornelas, 2003). Pinchot III (1989) también resume claramente los dos conceptos diciendo que el emprendedor se diferencia del intra-emprendedor principalmente porque el primero desempeña sus actividades emprendedoras desvinculadas de una organización ya establecida.

De este modo, el emprendedor busca su propio centro de trabajo, ya sea como propietario o arrendatario, mientras que el intra-emprendedor trabaja dentro de una organización establecida, utilizando su estructura, preparada para que él pueda desarrollar su trabajo, sin ser el titular de la misma. En relación con esta diferencia en los lugares de trabajo, Luchsinger y Bagby (1987, p. 12) argumentan que el emprendedor puede tener más control sobre su entorno, especialmente el interno, e incluso añadir otros detalles que añadidos a los anteriores permitirán una mejor distinción de ambos:

La empresa que busca la innovación, también puede proporcionar recursos administrativos y de apoyo operacional. Fracaso significa error para el emprendedor pero el intra-emprendedor puede dirigirse al "padre" de la organización. El emprendedor es el jefe, mientras que el intra-emprendedor tiene que informar a sus superiores y buscar patrocinio, sobre todo de cara a la crítica interna o resistencias.

Desde la perspectiva de Bygrave (citado Carton; Hofer; Meeks, 1998) y Luchsinger y Bagby (1987), otra diferencia esencial entre los dos perfiles es el supuesto de que el emprendedor arriesga parte o todo su capital y su carrera empieza con un nuevo negocio, el cual no puede ser viable sin este. Por su parte, el intra-emprendedor no arriesga su propio capital, ni pone su carrera en peligro. Sin embargo, como indican Carton, Hofer y Meeks (1998), este punto de vista es demasiado estrecho, porque el intra-emprendedor arriesga su "capital propio" en la forma de su reputación, así como su salario actual, al poner su trabajo en riesgo si el negocio que él está promoviendo dentro de la empresa fracasa.

Dornelas (2003) añade que emprender en las organizaciones puede ser más complicado que crear una nueva empresa independiente de cualquier organización, ya que hay reglas que deben seguirse, la burocracia puede limitar las actividades emprendedoras y, por lo general, el control no está en manos del emprendedor. Por otro lado, cuando una persona abre su propio negocio, los recursos no siempre están presentes, es necesario tomarlos de fuentes externas, la empresa no tiene nombre en el mercado y también la búsqueda de crecimiento de la empresa es difícil, lo que puede conducir a acciones y decisiones que ponen a la compañía en una pendiente rumbo al fracaso.

CONSIDERACIONES FINALES

Después de la reciente recesión económica y financiera mundial, las actitudes que buscan la innovación dentro de las empresas para reducir costes y ofrecer mejores productos a precios reducidos se vuelven aún más esenciales en la búsqueda de la competitividad. Uno de los caminos tomados por las industrias globales y en la actualidad por las empresas medianas e incluso pequeñas es la búsqueda del emprendimiento corporativo - el emprendimiento dentro de las empresas.

En línea con esto, la literatura nacional e internacional también trató de definir mejor qué es el emprendimiento corporativo debido al uso indiscriminado del término. El resultado mostró diferentes opciones en distintos usos pero dentro del mismo contexto: la empresa.

La literatura ha abordado la vertiente del emprendimiento dentro de las empresas principalmente como emprendimiento corporativo o intra-emprendimiento, en los cuales las definiciones se suman como un todo. Se destacó especialmente las facetas del comportamiento emprendedor dentro de las organizaciones (búsqueda de innovaciones, toma de riesgos calculados, etc.) generando nuevos productos, servicios, tecnologías, técnicas de gestión o de cualquier otra innovación que ayude en la búsqueda de la competitividad. La cúpula de la organización tiene un papel crucial en este esfuerzo, teniendo el deber de animar a todos los sectores y gerentes a buscar el comportamiento emprendedor, ya que sólo ellos tienen las condiciones y los recursos necesarios para el desarrollo de actividades emprendedoras.

Así mismo, las empresas medianas o pequeñas deben ser muy cautelosas en la aplicación de sus acciones emprendedoras, ya que sin mucho estudio y planificación, pueden incurrir en la quiebra ya que los emprendedores corporativos ponen en riesgo sus recursos en la organización, no su salario. Cabe señalar que un segmento de la literatura señala que no necesariamente un trabajador es o no es emprendedor corporativo, implantando una definición más amplia, en la que las personas pueden estar inmersas en un *continuun* en el que hay algunos más o menos emprendedores que otros. Hay personas que buscan más o menos actividades emprendedoras, sin dejar de ser un emprendedor.

Una última línea de la literatura busca una definición un poco más detallada y centrada, en la que las personas dentro de las empresas crean nuevos negocios corporativos - ya sea dentro o fuera de la organización, o instigan renovación o innovación dentro de la organización.

La constante confusión y conflictos de definiciones y formas de intra-emprendedores y emprendedores provocaron la necesidad de una comparación, confrontando sus diferencias y similitudes. En un contexto general, la literatura caracteriza las dos vertientes como "tomadores de riesgo", así como la búsqueda de la "necesidad de realización". En desacuerdo de esta mezcla entre los dos perfiles emprendedores, algunos autores han establecido unas diferencias marco entre emprendedores, inventores y gerentes, con características específicas de cada uno.

El inventor ahora es sólo el que tiene la motivación para la creación, invención y nada más; ya el administrador hace las cuestiones administrativas, pero sin la habilidad o las aspiraciones del emprendedor, mientras que el último, además de tener estas cualidades, aún gestiona la empresa. Autores que buscan establecer similitudes y diferencias entre los emprendedores y los intra-emprendedores, analizaron que las principales similitudes están en el hecho de que ambos estimulan el aumento de la productividad y la creación de valor a través de sus esfuerzos y dependen en gran medida de los procesos que generan innovación. En cuanto a las diferencias, se han centrado en los lugares de trabajo: el emprendedor puede tener más control sobre su entorno mientras que intra-emprendedor está sujeto a más reglas dentro de la corporación. Otro punto importante es la suposición de que el emprendedor pone en riesgo la totalidad de su capital y su carrera se inicia con una nueva empresa, que puede no ser factible sin esto. Por su parte, un intra-emprendedor no asume su propio capital. Sin embargo, algunos autores señalan que esta es una visión estrecha, ya que arriesgan su "capital propio" en la forma de reputación y su salario actual, al poner su trabajo en riesgo si el negocio que está promoviendo dentro de la empresa fracasa. El consenso muestra que ambos perfiles añaden mejoras y permiten una mayor eficacia para competir en el turbulento mercado actual.

LAS RELACIONES INTER-ORGANIZACIONALES PARA EL EMPRENDIMIENTO INTERNACIONAL

Vamos a revisar la teoría del emprendimiento internacional para entender los orígenes y conceptos sobre el tema, y comprobar cómo las relaciones entre organizaciones pueden facilitar el emprendimiento internacional. Para ello, hemos construido un ensayo teórico a partir de las principales referencias biográficas sobre los temas Emprendimiento Internacional y Relaciones Inter-organizacionales. Los principales resultados muestran que las relaciones entre organizaciones a través de redes contribuyen y facilitan el proceso del emprendimiento internacional porque facilitan el proceso de compartir debido a los vínculos que se establecen entre los diferentes actores de la red, lo que contribuye al proceso de aprendizaje y alivia los riesgos en la identificación de oportunidades en el mercado internacional.

INTRODUCCIÓN

El emprendimiento en general y el emprendimiento internacional pueden jugar papeles fundamentales en el escenario de los rápidos cambios que suceden en los mercados, la tecnología, los gobiernos, etc. La acción emprendedora tiene un fuerte potencial para impulsar el crecimiento económico, crear empleos y generar prosperidad para los ciudadanos. Conforme Hitt e Ireland (2000), los estudios involucrando la actividad emprendedora en los países desarrollados han demostrado que la variación en las tasas de emprendimiento puede ser responsable de hasta un tercio de la variación en el crecimiento económico de los países.

El emprendimiento y la internacionalización son temas de investigación de interés creciente y están estrechamente relacionados, pues la entrada y desarrollo de negocios en el extranjero son consideradas prácticas emprendedoras. La internacionalización se refiere al movimiento de una empresa o grupo de empresas en dirección a la realización de operaciones internacionales. Por lo tanto, significa una actitud de la empresa relacionada con las actividades realizadas en el exterior y a la manera en que actualmente este tipo de actividades son conducidas (Johanson y Vahlne, 1997).

El significado del emprendimiento internacional ha evolucionado a lo largo de la última década y el interés académico en el tema ha crecido. Las investigaciones en los negocios internacionales se han centrado, la mayoría de las veces, en las grandes empresas multinacionales ya establecidas, y los investigadores del tema del emprendimiento se han centrado principalmente en la creación y gestión de riesgos en las pequeñas y medianas empresas en el contexto nacional. Según McDougall (1989), el proceso de internacionalización se ha acelerado debido al uso eficiente de las tecnologías de comunicación y transportes, la disminución de las políticas proteccionistas de los gobiernos y la consiguiente reducción en el número de nichos de mercado geográficamente protegidos, siendo que estos factores contribuyeron a que los emprendedores pudieran realizar operaciones fuera del país anfitrión.

Este campo de estudio se alinea en la base teórica desarrollada en los estudios de varios campos de investigación, como el emprendimiento, los negocios internacionales y el marketing, que se ha documentado en trabajos que estudian desde la aparición del Born Globals al desarrollo de las teorías sobre el emprendimiento internacional (Rennie 1993; McDougal y Oviatt, 2000; Kuivalainen et all, 2007), hasta los factores que afectan al emprendimiento internacional (Zahra, 2005; Oviatt y McDougall, 1995).

Es de destacar que conforme Andersson y Wictor (2003) se consideran empresas *Born Globals* las que poseen al menos el 25% de sus ingresos procedentes de las ventas fuera de su país de origen dentro de los tres años después de su formación y que tienen una ventaja competitiva en el uso de los recursos y ventas de productos en varios países.

Para Zahra et all (2004), la búsqueda de mercados internacionales se asocia con desafíos de orden individual, especialmente cuando la atención se vuelve hacia el papel que el emprendedor tiene en la identificación y exploración de las oportunidades que surgen en el mercado internacional.

En este contexto, el tema del emprendimiento internacional está ganando consistencia y amplitud. Dimitratos y Plakoyiannaki (2003) consideran este tema un proceso que involucra a toda la empresa, estando fundamentado en la cultura organizacional y busca agregar valor a través de la exploración de oportunidades en el mercado internacional.

Por otra parte, teniendo en cuenta que en un mundo globalizado, en el que la complejidad y la incertidumbre alteran variables de entornos internos y externos, las formas tradicionales de ejercer las actividades económicas pasan a ser redefinidas en un contexto de múltiples relaciones inter-organizacionales, interdependientes de recursos, capacidades, riesgos y oportunidades (Johnsen, Lamming, Harland, 2008).

Las recientes transformaciones socioeconómicas, especialmente las que se producen a partir de la segunda mitad del siglo XX, culminaron en una nueva sociedad y en la creación de una nueva forma de competencia. Esta nueva realidad se basa en la expansión global de los mercados, impulsada por la creciente velocidad de la tecnología y la facilidad de intercambio de información (Balestrin y Verschoore, 2008).

Así, en la expansión del potencial de las relaciones entre las organizaciones en el contexto global, con un número mayor de variables de diferentes orígenes y propósitos, la realidad se vuelve inestable y compleja. Los diferenciales competitivos de las organizaciones no se sustentan sólo en los conceptos y las predicciones del antiguo pensamiento lineal, que se basaba exclusivamente en la verticalización y las economías de escala, contando con la constancia y la estabilidad de las variables del contexto ambiental (Balestrin y Verschoore, 2008).

Según Doz y Hamel (1992), en la búsqueda de satisfacer mejor las demandas del mercado, con competencias efectivas complementarias a las de la organización, las relaciones entre empresas, proveedores, competidores y otros agentes constituyen oportunidades para el desarrollo tecnológico, el aprendizaje y la innovación.

En este contexto, el objetivo aquí es el de revisar la teoría del emprendimiento internacional para entender los orígenes y conceptos sobre este tema y comprobar cómo las relaciones interrelaciones pueden facilitar el emprendimiento internacional.

EMPRENDIMIENTO INTERNACIONAL

El término emprendimiento internacional ó internacional entrepreneurship en su versión original, apareció por primera vez en un artículo escrito por Morrow en 1988, seguido por McDougal, en 1989, lo que allanó el camino para los primeros estudios a nivel académico del emprendimiento internacional (McDougall y Oviatt, 2000). Estos estudios iniciales constituyeron una base teórica para el desarrollo del tema del emprendimiento internacional.

McDougall y Oviatt (2000) hacen hincapié en que no existe un consenso sobre la definición de emprendimiento internacional. Los principales puntos de vista presentados sobre el emprendimiento internacional se presentan en la siguiente tabla.

Autores	Definiciones
Tiessen (1998)	Se refiere a la movilización de recursos de la empresa, siendo una acción estratégica.
McNaughton (1998)	El emprendedor es alguien que crea valor a través de la intermediación entre agentes económicos que controlan los recursos.
Burt (1992), Kirzner (1997)	Parece que es una integración de la sociología y la economía austriaca.
Rider (1998)	Los atributos que definen el emprendimiento internacional son la cognición, el aprendizaje y la estrategia.
Johnson (1998)	Se define como una oportunidad perseguida con determinación.
Timmons (1994)	El emprendimiento es el proceso de crear o aprovechar una oportunidad, independientemente de los recursos controlados.
Knight (1998)	El emprendimiento tiene tres dimensiones: la innovación, el comportamiento proactivo y acción de riesgo de demanda.

Fuente: Adaptado de McDougall y Oviatt (2000: 903.).

Para McDougall (1989), el concepto de emprendimiento internacional se refirió inicialmente al desarrollo de nuevos negocios que, desde el principio, estaban orientados hacia el exterior, haciendo al emprendimiento internacional esencialmente de valor sólo para las empresas que nacen globales. Esta perspectiva implica la asociación de emprendimiento internacional como crecimiento internacional de sólo pequeñas y/o nuevas empresas. Sin embargo, este concepto se ha ampliado para que pueda incluir actividades internacionales de empresas que no han nacido globales. Del mismo modo, estas consideraciones se originan de la opinión de que el emprendimiento es un comportamiento que también sirve igualmente a las empresas nuevas y establecidas y a las pequeñas, medianas y grandes.

Las empresas que inician su proceso de internacionalización, precozmente o incluso antes de la saturación del mercado interno, difieren significativamente en términos de estrategias y estructura de la industria, de empresas que operan sólo en el mercado local. Las empresas internacionales tienen estrategias más agresivas, utilizando varias veces financiación externa y producción de recursos para entrar en varios mercados (McDougall, 1989).

De esa forma, McDougall y Oviatt (2000, p. 906) definen el emprendimiento internacional como "la combinación de innovación, proactividad y la aversión al riesgo que cruza o se compara a través de las fronteras nacionales y planea crear valor en negocios de la organización." En este punto de vista, defendido por McDougall y Oviatt (2000), la edad, el tamaño y las características de la empresa no son mutuamente excluyentes, donde el comportamiento de emprendimiento internacional es independiente del tamaño de la empresa y de su tiempo de existencia (McDougall y Oviatt, 2000).

Conforme McDougall y Oviatt (2005), la investigación sobre el emprendimiento internacional comenzó con un interés en los nuevos riesgos pero a medida que se publicaban artículos, el interés en el área aumentó y el campo del emprendimiento internacional se expandió. Según estos autores, los estudios sobre las culturas emprendedoras nacionales, alianzas y estrategias cooperativas, internalización de empresas pequeñas y medianas, entre otros, contribuyeron a la expansión de la investigación sobre emprendimiento internacional.

Es de destacar que el foco de la investigación sobre emprendimiento internacional fue dirigido inicialmente para que las empresas que desarrollen actividades a nivel internacional desde su fundación, se debe por el hecho de que los primeros estudios del área coinciden con el fenómeno de las Born Globals.

Para Karras y Philips (2004), la aparición de empresas Born Globals rompió el paradigma de que los emprendedores deberían construir sus negocios en el mercado interno antes de expandirse a otros países, poniendo a estos nuevos emprendedores en las oportunidades y desafíos de competir en los mercados internacionales desde el momento inicial de la creación del emprendimiento.

La empresa que emprende en el mercado internacional presenta algunos factores de éxito, tales como: la visión global desde el inicio del proyecto, un equipo de gestión con experiencia en el mercado internacional, una red de relaciones comerciales internacionales, la elección de mercados o tecnologías prominentes, el control sobre un activo intangible, estrecho vínculo entre productos y servicios, y una coordinación global (Oviatt y McDougall, 1995).

Dimitratos y Plakoyiannaki (2003) definen el emprendimiento internacional como un proceso organizacional amplio que se inserta en la cultura de la empresa y busca, a través de la explotación de las oportunidades surgidas en el mercado internacional, la creación de valor para la organización. Por lo tanto, se considera un proceso amplio, ya que incluye la participación de todos los niveles jerárquicos y límites geográficos de la empresa, aunque la capacidad de los ejecutivos de establecer relaciones represente la principal fuente emprendedora de la empresa.

En este contexto, Dimitratos y Plakoyiannaki (2003) presentan cuatro elementos constitutivos del emprendimiento internacional: (a) es un fenómeno que se extiende por toda la empresa; (B) es un proceso que implica un desarrollo dinámico y evolutivo siendo los resultados medidos a medio y largo plazo; (C) está basado en la cultura organizacional de la empresa; (D) está directamente asociado con el papel del emprendedor en la identificación y exploración de oportunidades de negocios que aportan valor a la organización.

Con respecto a este último elemento, los autores destacan que el capital humano emprendedor es una de las fuerzas principales que tiene la empresa para aprovechar las oportunidades que surgen en el mercado pues, a través de las relaciones interpersonales, pueden surgir oportunidades de negocio. De esa forma, el papel de las redes debe ser considerado en el proceso de identificación y exploración de oportunidades de negocios en el mercado internacional (Dimitratos y Plakoyiannaki, 2003).

Así, en la ampliación del potencial de las relaciones entre las organizaciones en el contexto global, con un número mayor de variables, de diferentes orígenes y propósitos, convierte la realidad inestable y compleja. En este contexto, las ventajas competitivas de las organizaciones no se sostienen sólo en los conceptos y las predicciones del antiguo pensamiento lineal, basado exclusivamente en la verticalización y economías de escala, contando con la constancia y la estabilidad de las variables del contexto ambiental (Balestrin y Verschoore, 2008).

En consecuencia, los nuevos ajustes entre compañías son elaborados a partir de las nuevas necesidades empresariales, basadas en el propósito de estrategias adaptadas a una nueva era, en la que la responsabilidad sobre el desarrollo como un bien común, están bajo fuerte influencia del entorno, interdependientes en recursos, capacidades, riesgos y oportunidades (Cropper, Ebers, Huxham y Ring, 2008).

RELACIONES INTERORGANIZACIONALES

El cambio y la inestabilidad de los sectores económicos demandan de personas y organizaciones un pensamiento compatible con la nueva realidad. La economía se tornó conectada por las redes de telecomunicaciones debido a los avances tecnológicos ocurridos, sobre todo con la llegada de Internet y la creciente democratización del conocimiento y acceso a los recursos de la informática. Como resultado, las organizaciones de diferentes lugares y contextos compran, venden y compiten con casi cualquier organización en el mundo, formando una situación que tiende a aumentar el grado de ambigüedad, interdependencia y riesgo, como los roles que los individuos y las organizaciones desempeñan en el contexto global (Weick y Sutcliffe, 2001).

Según Doz y Hamel (1992), en la búsqueda de satisfacer mejor las demandas del mercado, con competencias eficaces complementarias a las de la organización, las relaciones entre empresas, proveedores, competidores y otros agentes son oportunidades para el desarrollo tecnológico, el aprendizaje y la innovación. En este nuevo estándar competitivo, la innovación y la racionalización de costes se convierten en elementos inseparables de la nueva competición, actuando como orientación y desarrollo de los procesos y productos perfeccionados.

En este contexto, los proyectos de incremento competitivo o de mejoras operacionales internas a menudo llevan a las empresas a adoptar proveedores de activos específicos, para los cuales la empresa no tiene la capacidad o el interés necesarios en la producción interna, por ejemplo, al aceptar atender clientes con demandas específicas, teniendo en cuenta la complejidad del conjunto de movimientos del macro-entorno del sector económico a través de oportunidades y riesgos (Doz y Hamel, 1992).

En la actualidad, las funciones de cada una de las etapas, vínculos o actores de una cadena productiva siguen existiendo pero diferentes del antiguo modelo de competencia basada en la escala de producción y en la verticalización, las etapas de una cadena productiva no pertenecen necesariamente a una sola organización (Powell, 1987).

Las organizaciones poseen diferentes capacidades y características que los distinguen unos de otros, permitiéndoles flexibilidad y agilidad frente a las demandas del mercado y a las incertidumbres del entorno. Así, las organizaciones con capacidades y recursos distintos y complementarios trabajan juntos para formar una cadena productiva colectiva, donde el resultado de esta cooperación es mayor de lo que si estas mismas organizaciones estuviesen compitiendo de forma aislada (Cropper, Ebers, Huxham, Ring, 2008).

Hoy, a partir de la comprensión de la competencia, asociada a la cooperación, la competencia emerge la llamada cooperación competitiva cuando los proveedores y las empresas compradoras comparten esfuerzos en el sentido de crear formas de aumentar la generación de valor a lo largo de toda la cadena productiva. De esta forma, el foco de la ventaja competitiva no está más en una u otra empresa exclusivamente, sino en su red de relaciones inter-organizacionales. Según Balestrin y Verschoore (2008), la administración de las relaciones entre organizaciones se convirtió en un factor-clave en la nueva economía.

En la actualidad, la literatura muestra diferentes disposiciones de relaciones inter-organizacionales donde las competencias de cada organización, esenciales y complementarias, pueden constituir parcelas de cooperación en una cadena productiva, como una gran cadena de valor colectivo, más o menos flexible y adaptada a las incertidumbres del mundo globalizado, buscando beneficios mutuos a sus miembros (Johnsen, Lamming y Harland, 2008; Balestrin y Verschoore, 2008; Doz y Hamel, 1998).

Entre las muchas formas de cooperación, las medidas se pueden clasificar en: (A) Relaciones Inter-organizacionales de Prestación o Suministro: como modalidad relacional básica de intercambio con algún grado de colaboración; (B) Cadenas de suministro: que comprenden las múltiples relaciones de suministro y que demandan la gestión de las relaciones entre los actores involucrados; (C) Clusters: como grupos de empresas que comparten intercambios, reducciones de costes y recursos en un modelo de competencia interdependiente; (D) Redes de cooperación: que en su amplia variedad de configuraciones, muestran claramente muchos beneficios de imagen, legitimidad, credibilidad, capacidad de negociación, reducción de costes, aprendizaje, innovación o simplemente complementariedades en la cadena de valor a través de algún grado de autonomía e interdependencia; (E) Alianzas: cómo las asociaciones entre empresas que poseen o codesarrollan habilidades complementarias en sus actividades productivas y establecen una relación de alianza sin una necesaria equidad; y (F) Joint-ventures: cómo emprendimientos de organizaciones independientes, con competencias centrales complementarias y con un alto grado de equidad que cooperan mediante la creación de una nueva organización (Johnsen, Lamming y Harland, 2008; Balestrin y Verschoore, 2008; Doz y Hamel, 1998).

Es importante destacar que las configuraciones específicas de las relaciones interinstitucionales son condicionadas por la madurez de las empresas en una amplia visión del desarrollo por la esencia de sus estrategias y por las motivaciones de colaboración de los actores. Estas, en un proceso dialéctico y dialógico, que regenera las acciones y reacciones en el entorno competitivo, están fuertemente influenciadas por el contexto macro ambiental y sectorial, ya que sus mayores dimensiones, la económica, político-legal, socio-cultural, tecnológica, demográfica y natural (Antunes, Balestro, Pellegrin, Lopes, 2004). Así, se constata que las relaciones entre organizaciones interactúan en un proceso dinámico y adaptado de tipologías, institucionalizados a través de contratos y acuerdos.

LAS RELACIONES INTERORGANIZACIONALES Y EL EMPRENDIMIENTO INTERNACIONAL

Oviatt y McDougall (2005) dicen que uno de los factores que pueden contribuir a la velocidad de la internacionalización empresarial se refieren a las redes. Johanson y Vahlne (2003 apud Oviatt y McDougall, 2005) proponen que el establecimiento y desarrollo de clientes extranjeros y las relaciones con proveedores son factores clave en la entrada y la expansión internacional.

Para McDougall et all (1994 apud Oviatt y McDougall, 2005), las redes internacionales ayudan a los fundadores de nuevos emprendimientos, o Born Globals, a identificar oportunidades de negocio internacionales, y las redes parecen tener influencia sobre las decisiones de los países. Desde esta perspectiva, la selección del mercado externo se realiza a través de contactos de la red y no sólo a partir de las decisiones estratégicas de la empresa.

Conforme Toveda (2006), uno de los rasgos distintivos de las organizaciones internacionales de negocios es que se asemejan a complejas redes de negocios que se integran dentro de un conjunto de cadenas de valor y que se propagan a través de diferentes industrias y países. De este modo, las redes corporativas internacionales se pueden clasificar en tres tipos:

a. Las corporaciones multinacionales: su estructura representa una red simultáneamente jerárquica y distribuida, con fronteras indefinidas. Son organizaciones altamente diferenciadas que incluyen múltiples unidades ubicadas en diferentes países y que están envueltas en diferentes sistemas de negocios y contextos sociopolíticos. La evolución de una empresa nacional a una multinacional puede ocurrir de diversas formas y los principales modos de internacionalización de una empresa, de acuerdo a la literatura, son exportación, licencias, inversiones directas en el extranjero, fusiones y adquisiciones de nuevas filiales, cooperación y formación de alianzas estratégicas.

b. Subsidiarias y afiliados corporativos: son unidades de negocios ubicados en otro país que están parcial o totalmente controlados por un centro corporativo. En un contexto multinacional, el patrón de crecimiento de las multinacionales busca combinar la integración global, la coordinación la estratégica global y la capacidad de respuesta local. El propósito de esta combinación de estrategias es lograr un equilibrio entre los recursos locales de inserción en la red global y reasignar recursos globales en los clusters locales.

c. Las alianzas estratégicas y asociaciones empresariales interdependientes: la mayoría de las asociaciones se forman por razones estratégicas y por lo general están justificadas por los rendimientos esperados en lugar de una acumulación de recursos, costes y beneficios. Pueden ser de varios tipos: concesión de licencias, franquicias internacionales, abastecimiento global, joint-ventures, contratos de gestión y acuerdos de cooperación industrial. Hay varias posibilidades de configuración de redes a nivel internacional.

En resumen, las redes pueden ayudar a los empresarios a identificar oportunidades internacionales y establecer credibilidad (Oviatt y McDougall, 2005). Según los autores, tres aspectos clave de la red contribuyen a acelerar la velocidad del emprendimiento en el ámbito internacional, son:

a. La fuerza de los lazos de la red: en una red formal, los actores son llamados "nodos" y los vínculos entre ellos son llamados "lazos". Aldrich (1999 apud Oviatt y McDougall, 2005) identificó dos tipos de lazos: (a) los lazos fuertes entre los nodos o autores: son duraderos e involucran la emoción, la confianza y el deseo de negociar sobre las diferencias a fin de preservar el lazo; (b) los lazos débiles, que no buscan preservar los lazos en situaciones de desacuerdo.

b. El tamaño de la red: este es un factor clave para un actor emprendedor y será el moderador de la velocidad de la internacionalización, porque cuanto menor es la red, mayor es la necesidad de inversión.

c. La densidad global de la red: las redes densas son útiles cuando la confianza y la reciprocidad son vitales para el funcionamiento de la red. Y las redes dispersas contribuyen en el sentido de recopilar nuevas informaciones para compartir.

Según Andersson (2000), la red se refiere a la existencia de relaciones de negocios entre empresas. La investigación en el área ha demostrado la importancia de la red en el proceso de internacionalización, ya que puede proporcionar a la empresa recursos y conocimientos, sirviendo como factor determinante del crecimiento internacional de la empresa (Johanson y Vahlne, 1977).

En el campo de estudio del emprendimiento, la red posee un destaque relevante. Las relaciones que envuelven desde las relaciones familiares, amistades, conocidos, las relaciones con los clientes, proveedores, son uno de los elementos que forman la visión emprendedora. El conocimiento personal de los individuos con los cuales el emprendedor tiene una relación puede ofrecer oportunidades con la red de contactos que estos individuos tienen en otros países.

En general, se sabe que la falta de conocimiento de los mercados extranjeros se puede convertir en un impedimento para la expansión internacional de las empresas, que tienden a limitar sus operaciones en lugares que ya conocen. En este contexto, se observa que el conocimiento ha jugado un papel importante en la teoría sobre emprendimiento internacional (Oviatt y McDougall, 2005). Por lo tanto, las relaciones inter-organizacionales a través de redes contribuyen y facilitan el proceso de emprendimiento internacional, ya que, facilitan el proceso de intercambio de conocimientos debido a los lazos entre los diferentes actores de la red, lo que contribuye al proceso de aprendizaje y la mitigación de riesgos en la identificación de oportunidades en el mercado internacional.

CONSIDERACIONES FINALES

Hemos tratado de revisar la teoría sobre emprendimiento internacional para entender los orígenes y conceptos sobre el tema y verificar cómo las relaciones entre organizaciones pueden facilitar el emprendimiento internacional.

El tema emprendimiento internacional se presenta como un importante eje de la investigación en el campo de los negocios internacionales con varias posibilidades y oportunidades de estudio. Además de eso, podemos ver el aumento de las investigaciones abarcando temas sobre cómo las empresas entran en nuevos mercados internacionales pero específicamente, en las alianzas globales y el establecimiento de redes inter-organizacionales.

El desarrollo de conceptos de emprendimiento internacionales se produjo a partir de la asimilación del importante papel desempeñado por las personas-clave en el proceso de internacionalización del proceso. Para las empresas emprendedoras poder competir en los mercados internacionales, el proceso de aprendizaje es clave para ayudar a las empresas a superar el período de ajuste y la continuidad del emprendimiento.

El concepto de emprendedor, según Andersson (2000), sirve para unir los conceptos macro estructurales de la empresa con los conceptos de procedimiento de estrategia y de internacionalización. De ese modo, el proceso de internacionalización tiene lugar con la acción emprendedora, convirtiendo al emprendedor en un recurso fundamental, visto que no sería suficiente disponer de otros recursos y oportunidades, si la internacionalización no fue deseada y realizada por personas con comportamiento emprendedor.

El emprendimiento internacional supone que el emprendedor debe disponer de control de los recursos, la capacidad de control de las estrategias y habilidades para crear y explotar oportunidades en diferentes países. Es de destacar que las relaciones de la red influyen en el emprendimiento internacional de las empresas, especialmente las más pequeñas, debido a sus limitados recursos y experiencias para poner en marcha un proceso de internacionalización.

EL EMPRENDIMIENTO EMPRESARIAL E INNOVACIÓN EN LAS ORGANIZACIONES

Relacionar los aspectos de la innovación, la motivación para el trabajo creativo y las nuevas perspectivas de la organización en su conjunto es fundamental para el proceso de aprendizaje profesional así como para el profesional encargado de la gestión en el ejercicio de su profesión. El emprendimiento corporativo es el proceso de emprender dentro de la organización para la que se trabaja. El emprendedor puede ser el dueño real de la empresa así como los líderes, gerentes e incluso empleados. Este profesional debe tener una amplia visión del negocio, proponiendo sugerencias para mejorar, ampliar y agilizar los procesos de trabajo y los resultados de la organización.

El emprendimiento corporativo se considera un aspecto crucial del crecimiento de la organización. Es el medio por el cual las empresas buscan innovación, renovación y el desarrollo de nuevos negocios. Es por eso que está cuestión es tan importante y por ello tan valorada.

INTRODUCCIÓN

El estudio a través de una situación problemática es visible en la literatura de gestión y realidad de las empresas, la repetición de las situaciones que se configuran en el escenario actual como merecedoras de nuevas investigaciones y conocimientos en una realidad cada vez más dinámica.

Las organizaciones modernas tratan de ser competitivas, viviendo en un ambiente impregnado de incertidumbres. Con esto, la necesidad de aumentar su capacidad de organización para ser más flexibles y ágiles se incrementa. El apoyo de cualquier proceso de cambio profundo requiere necesariamente un cambio fundamental en la forma de pensar. El cambio está vinculado a la innovación que, a su vez, está sujeto a las iniciativas y proactividad. Estos cambios dependen de la conducta humana, que también influye y es influida por el comportamiento organizacional.

En este contexto, la pregunta es: ¿Cuáles son los beneficios de la cultura innovadora y emprendedora para la gestión, los clientes y los empleados? ¿Cuáles son las dificultades presentadas por la empresa en la puesta en práctica de la iniciativa emprendedora corporativa?

En este sentido, trataremos de tratar los siguientes objetivos generales: a) analizar las dificultadas de implantación de una cultura emprendedora e innovadora corporativa en la gestión de una empresa; b) identificar cuáles son los beneficios que la cultura emprendedora puede tener en la organización; c) comparar la aplicación del emprendimiento corporativo en las organizaciones de gestión cerrada y abierta, con el fin de identificar qué gestión es la que mejor se adapta. Y como objetivo específico: a) definir las acciones y las habilidades necesarias para desarrollar el espíritu emprendedor en las empresas; b) analizar las habilidades para promover el emprendimiento corporativo.

EL EMPRENDIMIENTO EMPRESARIAL CENTRADO EN EL DESARROLLO

La globalización ha cambiado el mercado, las personas y las organizaciones. Los procesos productivos han cambiado sustancialmente con la introducción de nuevas tecnologías de forma continua y nuevos procesos de gestión. El gran desafío para las empresas es acompañar estos cambios y adaptarse a estas nuevas oportunidades y riesgos sin comprometer la sostenibilidad, y en este contexto pensar en la importancia de la iniciativa empresarial y por qué no decirlo, en el emprendimiento corporativo.

La comprensión de emprender dentro de la empresa es mucho más fácil de ver cuando se tiene una comprensión del emprendimiento empresarial, citado por (Dornelas, 2003) cómo hacer algo nuevo, diferente, cambiar la situación actual y perseguir incesantemente nuevas oportunidades de negocio, con un enfoque en la innovación y la creación de valor. Es un hecho que ese paradigma se amplia y se incorpora a todo el capital humano de la empresa y así se tiene el emprendimiento corporativo.

Llama la atención que en el siglo XXI, los empleados de las empresas están cada vez más dispuestos a la necesidad de integrarse en la organización. De esta manera, serán resaltadas las perspectivas ahora citadas como factores resultantes más probablemente en una iniciativa emprendedora corporativa efectiva con el fin de contribuir al desarrollo de la organización.

EL EMPRENDIMIENTO CORPORATIVO

En el contexto del siglo XXI, las tecnologías se desarrollan todo el tiempo, donde las organizaciones se mueven más allá de las fronteras geográficas y el comportamiento organizacional ha sido entendido por los administradores como un factor importante para el progreso, la innovación y el rendimiento. Se buscan empleados más flexibles con el fin de adaptarse a los constantes cambios y en esa selección de talentos y competencias la mirada del emprendedor es clave para la formación de equipos creativos, decididos y comprometidos con la estrategia de la organización.

La iniciativa emprendedora corporativa está vinculada a una serie de factores para que sea desarrollada. Una gestión que pretende actualizar y adaptarse a la modernidad con la tecnología de la información a su favor y una cultura abierta, junto con un entorno organizacional adecuado, proporciona un retorno positivo para la organización.

El espíritu emprendedor es visto por Schein (1985, p. 30) como una forma de propiciar y crear *"algo nuevo, que implica la motivación para superar los obstáculos, propensión a tomar riesgos y deseo de elevación personal en cualquier objetivo que debe lograrse".*

Bull y Willard (1993, p. 188) señalan que la iniciativa emprendedora se produce al alcanzar cuatro condiciones básicas. La primera es la motivación frente a las tareas, que se define como "cualquier visión relacionada con cualquier tarea que motiva a una persona a actuar." La segunda es el conocimiento, que se define como "know-how añadido a la confianza de tener o poder adquirir dicho conocimiento en el futuro." La tercera se refiere a la expectativa de obtener ganancias personales, definida como "un beneficio económico o psicológico de una acción." Y la cuarta es el entorno, definida como "condiciones que proporcionan comodidad y apoyo para la realización de esfuerzos, o la reducción de las molestias de algún esfuerzo". Así se ve que la práctica emprendedora en las organizaciones requiere mucho más que los valores, se hace factible investigar aspectos más profundos como los aspectos individuales relacionados con su comportamiento. A partir de ahí se puede entrar en el emprendimiento corporativo. El gran reto del emprendedor corporativo está en buscar un equilibrio entre la realidad y lo que desea.

De acuerdo con el enfoque de Dornelas (2003), el comportamiento emprendedor se utiliza como principio motivador para la introducción de novedades, alcanzando el desarrollo en todas las áreas, siendo así ocurre la implantación del fomento de la innovación. En otras palabras, la innovación es un concepto y una práctica fundamental directamente relacionada con la capacidad emprendedora de las empresas pero no se limita a la innovación, es más completo y considera las dimensiones de riesgo y proactividad.

El crecimiento de la organización necesita disponer de un comportamiento con el fin de ejercer con más creatividad, visualización de oportunidades y participación organizacional de forma integrada, donde la comunicación supera cualquier barrera. La organización, de acuerdo con Dornelas (2003), es asociada por un grupo de individuos que necesitan crear una nueva organización o buscar la renovación o innovación dentro ella. Sin embargo, es necesario introducir un enfoque proactivo para la generación de ideas, la búsqueda del auto-conocimiento, la capacidad de transformación y el deseo de tomar lo que comúnmente se llama riesgo. Así, es una cuestión de libertad individual, cualquier persona puede activar la motivación para emprender y sobre esta base la aplicación y la práctica de la iniciativa emprendedora corporativa estimula y alienta las iniciativas emprendedoras de sus empleados.

El espíritu emprendedor corporativo requiere actitudes internas, donde los trabajadores se convierten en una herramienta importante para el crecimiento de la organización y no los clientes. Las organizaciones, cuya gestión está cerrada, ven el entorno externo, en este caso el cliente, como el factor principal y único para lograr el éxito y usan caminos de forma contraria: primero los clientes, luego los empleados. Muchos no entienden que para que un cliente este satisfecho, el primer paso es que el trabajador este satisfecho, ya que es el canal de comunicación entre la organización y el cliente.

La práctica del emprendimiento corporativo se produce en las organizaciones de cultura abierta, innovadora que estimulan y fomentan las iniciativas nuevas de sus colaboradores. Para ello, es necesario darse cuenta de la necesidad de planificación, capacitación y fortalecimiento de la cultura emprendedora. Para ello, se requiere un cambio de comportamiento radical con ajustes a los nuevos modelos de negocio y habilidades y velocidad para la implantación de proyectos emprendedores. Por esta y otras razones, no todas las empresas, aunque sean modernas, necesariamente practican el emprendimiento corporativo.

Como resultado, espera que empleados, sectores, departamentos y gerentes se conviertan en socios de la empresa, ya que el perfil del gestor emprendedor es el reto y la búsqueda de talento para formar su equipo corporativo. Sobre la cuestión, Chiavenato (2010, p. 433) dice que "el nuevo entorno de negocios está imponiendo una fuerte presión y nuevas demandas y retos para las organizaciones y, sobre todo, para su administración y las personas que trabajan en ellas." Desde esta óptica los límites de la organización de hoy en día también son diferentes, además de una relación nueva y diferente con los clientes, hay que darse cuenta de la necesidad de alinear los discursos y las prácticas con una red de alianzas y socios y una nueva relación con el tiempo y el espacio.

Del mismo modo, tenemos que pensar en una nueva interacción con los propios socios internos para un mejor desarrollo corporativo. Así, en una gestión moderna, los administradores necesitan repensar los procesos de trabajo, el significado de la competencia y tratar de abolir las viejas prácticas corporativistas que van en contra del cambio y la innovación.

Sin embargo, para Chiavenato (2010, p, 434), "los procesos de gestión tomarán nuevos rumbos, nuevas estrategias, no centrándose en un primer momento en el cliente como factor exclusivo de éxito, sino en el entorno corporativo como método para lograr el éxito en su conjunto". Antiguamente era posible percibir la división entre los emprendedores y los ejecutivos de las empresas con diferentes funciones y esta distinción provocaba gestiones sin la misma base, sin la misma línea de razonamiento. Hoy en día, el cambio de comportamiento es necesario para que la organización se adapte a los cambios en el entorno. Se espera de los profesionales el desarrollo de nuevas ideas y acciones que efectivamente se traduzcan en resultados positivos.

En el entorno del emprendimiento corporativo hay algunas variables que se relacionan con la nueva gestión de la organización y que son importantes para el éxito. Estos aspectos envuelven más a los integrantes de la organización que a los clientes. La integración corporativa, por ejemplo, es responsable de la participación de los empleados en la toma de decisiones, los cambios, con el fin de aportar flexibilidad. Es importante para alinear los procesos de trabajo a los cambios, generar innovación y, en definitiva, aumentar la rapidez en la respuesta del cliente.

Entretanto, no es suficiente cambiar los aspectos organizacionales. En la gestión moderna, los líderes también sienten necesidad de adoptar nuevos métodos de trabajo para liderar esa nueva organización. Es un hecho identificar los antiguos métodos que impiden el desarrollo corporativo y reemplazarlos por los métodos modernos de gestión.

En el mercado corporativo, basado en el capital intelectual y de relaciones, los factores de rendimiento, también, están asociados con el avance tecnológico. La incorporación de la tecnología de la información en las organizaciones ha cambiado los modos de producción, el mercado se ha vuelto más competitivo y el conocimiento, que es un factor importante para la generación de riqueza y bienestar, pasó a ser reconocido por medio de Internet.

Según Mitchell (2007, p. 4) [...] *"la innovación tecnológica representa un proceso de aprendizaje continuo y acumulativo de las empresas para mejorar productos/servicios, procesos y formas de gestión, modelo de interacción social, con el fin de aumentar la productividad, el conocimiento y la competitividad."*

En otras palabras, la incorporación tecnológica representa una alternativa en toda la organización, incluyendo el proceso de gestión corporativa. Las organizaciones no pueden limitar la capacidad emprendedora corporativa sólo al comportamiento de las personas. Las influencias externas, junto con los avances tecnológicos se reflejan en la planificación corporativa. La introducción de las TI resulta, además de la reducción de costes, en la satisfacción de los funcionarios por la calidad en la producción y aumenta la probabilidad de alcanzar los objetivos, pues las TI ayudan al desarrollador a agilizar sus tareas, por no mencionar el aprendizaje y el intercambio del conocimiento interno de la empresa.

Con las TI el comportamiento de la organización cambió, utilizando esta herramienta para ser más innovadora. Esta permite resultados más rápidos y más eficaces, también más prácticos, siendo considerada una herramienta de motivación por ser capaz de facilitar el logro de las tareas de la organización. Es una variable que afecta a la estructura de la organización y es utilizada por la organización para enfrentarse al entorno y utiliza tecnologías que van a condicionar su estructura organizativa y su funcionamiento.

La eficacia de una gestión corporativa, también, está conectada a la estructura del entorno organizacional. El conocimiento del entorno es importante para la compresión de los aspectos organizativos. Los entornos se componen por individuos y organizaciones, y cada uno actúa conforme sus experiencias. Sobre esta base, se comprueba que los entornos organizativos poseen en su interior un grupo de personas con diferentes pensamientos, cada persona tiene su propia forma de ver lo que sucede a su alrededor, teniendo influencias internas y externas. En el proceso de gestión corporativa es necesario que las organizaciones utilicen ideas innovadoras que permitan un aprendizaje crítico, consciente y creativo.

En el entorno de la organización, también se observa el comportamiento de las personas, tanto de los líderes como de los subordinados. El comportamiento de la gente está bajo supervisión influencia y liderazgo, es decir, el método de supervisión y liderazgo influye en el comportamiento de sus subordinados. En este caso, el líder debe mantener una ética, los valores, que muestre un alto compromiso con los objetivos de la organización.

Por lo tanto, se puede decir que los líderes son extremadamente importantes para el rendimiento y crecimiento de la organización, donde lo mismo es el medio de conducción de la empresa para el éxito a través de sus empleados. Además de eso, un líder debe tener el perfil para motivar a sus empleados y llevarlos a desarrollar competencias, integrarlos en los procesos de decisiones de la organización y promover recompensas con el fin de valorarlos para una mejor gestión corporativa.

LA CULTURA DEL EMPRENDIMIENTO CORPORATIVO

Cada organización tiene su cultura siendo ella organizacional o corporativa. Según Schein (2013) la cultura organizacional se define por elementos estructurados de presupuestos básicos creados por un determinado grupo que descubrió o desarrolló al aprender a lidiar con los problemas de adaptación externa y de integración interna.

Pettigrew (1996) aborda la cultura organizacional relacionándola con aspectos de cambios efectuados de forma práctica. Involucra el pensamiento y la acción, tanto en el nivel de las creencias básicas como de sus manifestaciones culturales. Las razones que llevan a una organización a promover el cambio (enlace entre el contexto externo e interno) determinan en qué áreas los cambios deben producirse (tecnología, mano de obra, productos, posicionamiento geográfico o cultura organizacional) y que los procesos deben ser implementados (como), teniendo en cuenta las diversas interacciones de las partes interesadas, en la medida que la empresa se mueve desde el estado actual teniendo presente el estado futuro.

Así como cada país tiene su sabiduría, su forma de vida, sus hábitos, cada organización tiene su cultura. Así que es importante conocer su cultura, la forma en que las personas se relacionan, interactúan, sus actitudes y políticas. Todo esto influirá en el desarrollo profesional.

La cultura corporativa constituye la forma institucionalizada de pensar y de actuar, la esencia de la cultura corporativa es interpretada por la forma en como se hace cargo de sus clientes y, sobre todo, de sus empleados.

Para la aplicación de la iniciativa empresarial corporativa eficaz es importante que la empresa tenga una cultura abierta, pues una organización con cultura abierta es más humanista, de fácil convivencia, de apoyo, estimula los riesgos, está orientada al equipo y volcada para el crecimiento. Sin embargo, en una empresa de cultura cerrada su estructura es más individualista, más estructurada, sin grandes cambios y se centra en las tareas y la estabilidad. En este último caso, no permite la aplicación de la iniciativa emprendedora en la empresa.

La cultura no es inmutable, puede ser cambiada, ya que según Kissil (1998) para que la organización pueda sobrevivir y desarrollarse, para que tenga revitalización e innovación, es necesario cambiar la cultura de la organización. El desarrollo de la organización, su progreso e innovación están relacionados con cambios en la cultura, donde las personas tienen los valores y principios de la compañía difundidos claramente para garantizar una estructura coherente e integrada.

Muchas personas no están de acuerdo con la cultura de la empresa en la que trabajan. Cada negocio tiene su personalidad que puede ser más rígida o flexible, depende en gran medida de la meta que quieren lograr. El empleado debe trabajar de acuerdo con el objetivo y la cultura de la organización, si no obstaculiza su rendimiento y reduce su grado de satisfacción. Si la empresa tiene sus valores bien definidos, transparentes y compartidos con todos los empleados, traerá impactos positivos, generando un mayor compromiso y relación entre los dirigentes y los empleados.

DESARROLLO ORGANIZACIONAL COMO PRINCIPIO DEL EMPRENDIMIENTO EMPRESARIAL

La innovación es el principal resultado que las empresas buscan a través del emprendimiento, siendo este corporativo o no, y está presente en entornos altamente competitivos y turbulentos (Hitt, 2008). "Por ejemplo, los resultados de investigación muestran que las empresas que compiten en sectores globales y que invierten más en innovación también logran mejores resultados" (Hitt, 2008, p. 373). La innovación es un factor importante y esencial para que las empresas alcancen un alto rendimiento.

Como se mencionó, la innovación es el resultado del emprendimiento corporativo para el logro del desarrollo organizacional. Las empresas buscan cada vez más profesionales que tienen una visión de empresa, que pueden adaptarse a los cambios y a la cultura y que están comprometidos y dedicados a los objetivos de la organización. Estos profesionales son llamados por el autor Morais (2013) los profesionales del futuro.

Muchas empresas salen de la gestión cerrada y de los límites teóricos y aplican en la práctica métodos que se refieren al desarrollo de la organización. Por lo tanto, es necesario mantener la organización siempre en movimiento, es decir, no dejar a la empresa limitarse a una cierta evolución, la llamada zona de confort. Un profesional que trabaja con la excelencia, que está siempre en busca de innovaciones, contribuye al progreso de la organización. Este profesional ilustra un nuevo perfil y comportamiento en el mercado corporativo: el intra-emprendimiento.

Para Morais (2013, p. 122) *"el espíritu emprendedor interno es un fenómeno organizacional que existe cuando los propios colaboradores de la compañía actúan en busca de nuevas oportunidades en la generación de ideas, nuevos proyectos, diferencias competitivas y nuevas soluciones"*. El profesional intra-emprendedor práctica comportamientos emprendedores dentro de la organización en la que trabaja. También se preocupa del bienestar de la organización, establece metas para sus tareas, busca constantemente oportunidades de crecimiento y toma iniciativas de forma que vayan más allá de a lo que es sometido.

El emprendimiento corporativo es el proceso por el que las organizaciones están involucradas en los desarrollos internos con el fin de conseguir profesionales comprometidos con los objetivos de la empresa y que busca la transformación de ideas individuales en acciones colectivas y el intra-emprendimiento, son estos profesionales los que la compañía busca por medio del emprendimiento corporativo. Es decir, el profesional intra-emprendedor se detecta o se descubre por medio de la inserción del emprendimiento corporativo en la organización, que reside en una cultura abierta, centrada en el crecimiento, el pago de los empleados y la búsqueda de innovación.

Morais (2013, p. 123) señala que *"mucho más que vestir el uniforme de la empresa, los empleados emprendedores se comprometen directamente con el negocio, con la perspectiva del cliente y con la imagen de la empresa."* La visión del profesional intra-emprendedor es mucho más amplia, relacionada con un empleado de visión limitada que se dedica sólo a sus tareas.

Ser intra-emprendedor requiere mucho más que la operabilidad o actividades limitadas. Intra-emprender requiere una postura que va más allá de las perspectivas ansiadas por la organización. Este profesional se preocupa con las necesidades, con la imagen, con la misión y con los objetivos de la empresa para la cual trabajaba. Este busca desarrollar prácticas emprendedoras diarias, comprueba si el clima organizacional es favorable para la práctica emprendedora y, por otra parte, si la organización busca innovaciones internas y de mercado, como, por ejemplo, la innovación tecnológica, en este caso, Internet.

Según Fahey; Randall (1996), uno de los mayores desafíos de las organizaciones es construir la base para el éxito en el futuro mientras compite para ganar en los mercados actuales. Por lo tanto, los autores sostienen que el conflicto entre las exigencias del presente y los requisitos del futuro es parte del corazón de la gestión estratégica y que para satisfacer estas necesidades el foco es el cambio del entorno externo, del entorno interno y de como la compañía conecta la estrategia y la organización. La organización necesita tener la capacidad de promover cambios planificados para seguir el ritmo de los cambios actuales y futuros del mercado.

El cambio tiene un lugar importante en términos de proporcionalidad organizacional y, cuando se hace correctamente, el cambio permite a la organización mantener su proporcionalidad y competitividad en un entorno cambiante e incierto. Sin embargo, es necesaria la cautela en cuanto a los cambios, para cambiar el planeamiento es necesario, pues, una vez que no planificado y hecho incorrectamente, puede destruir una organización. El cambio tiene que ocurrir, es parte del proceso de la innovación, pero de forma bien analizada y estructurada con el fin de ser adecuado.

Como presenta Oliveira (1988), parte de la premisa de que la organización puede adaptarse mejor si se consideran los constantes cambios que la empresa sufre a lo largo del tiempo, es decir, el ajuste de la organización sigue estos cambios vinculados también a crisis y conflictos. El autor también señala que para la organización efectivamente cambie, su cultura necesita ser modificada. La organización no sufrirá cambios si su cultura se mantiene intacta e irrevocable. La cultura debe ser analizada para encontrar posibles cambios de mejora.

Algunas hipótesis "sobre la naturaleza y funcionamiento de las organizaciones presentadas por Beckhard (1969, p. 29) pueden acrecentar esta lista de premisas que deben ser consideradas para el esfuerzo del Desarrollo Organizacional" (Oliveira, 1988, p. 354). La organización está compuesta por grupos (equipos), por eso los grupos son unidades básicas de cambios, no los individuos (persona). El trabajo en equipo hoy representa uno de los principales factores de desarrollo organizacional. Las personas apoyan lo que ayudan a crear, por lo que las personas afectadas por el cambio deben tener la oportunidad de participar activamente y crear un sentido de propiedad en el planeamiento y la conducción del cambio.

Para Robbins (1999, p. 404), Desarrollo Organizacional (DO) es el "término usado para comprender un conjunto de intervenciones de cambio planificado construidas sobre los valores democráticos-humanistas que buscan mejorar la eficacia de la organización y el bienestar de los empleados". Un profesional considerado eficaz siempre trabaja en pro del desarrollo de la organización, su visión es amplia, no se limita al cargo, sino en el bienestar de toda la empresa.

El desarrollo organizacional consiste, también, en aplicar formas de garantizar la satisfacción de los empleados, con la participación en la toma de decisiones, compartiendo ideas y planes con el fin de integrarlos y adaptarlos a su cultura. El objetivo es estar en constante mejora, incluso con resultados positivos; la organización está en continua búsqueda de la innovación, en particular para el bienestar de los empleados.

El Desarrollo Organizacional ya es el cambio aplicado en la organización. El cambio es gradual, induce un proceso educativo muy complejo, donde hay cambios en las actitudes y valores de tal forma que se adapte mejor al mercado y a los desafíos que podrán surgir. El DO analiza lo que ocurre en los entornos internos y externos de la organización, comprueba lo que necesita ser cambiado y la acción necesaria para provocar un cambio, lo que convierte a la organización en más eficaz y compatible con las necesidades humanas y con los objetivos y las metas de la organización.

De acuerdo con Milkovich (2012) el DO propone la participación activa, libre y no manipulada de todos los elementos que serán sujetos a su proceso y, sobre todo, un profundo respeto por la persona humana. Una organización eficaz es cuando trata a sus empleados de manera justa y con respeto. Ella se esfuerza en crear condiciones para que todos los empleados contribuyan y obtengan éxito. En el escenario actual, las organizaciones son bastante dependientes de las gestiones y de la tecnología, sin embargo, nunca se puede dejar de reconocer y valorar el capital humano.

El desarrollo organizacional es resultado de una iniciativa emprendedora corporativa bien aplicada. La inversión en capital humano es la premisa del éxito de la organización. Sin embargo, la inversión en capital humano requiere artificios contribuyentes para su desarrollo. Es necesario que la organización defina su cultura y que sea de personalidad abierta, pues permite la innovación y el crecimiento, con el fin de cambiar cuando sea necesario.

El entorno de la organización también debe ser adecuado a la gestión corporativa y al intra-emprendedor, pues participa de la construcción de la compañía por diversos factores externos que influyen directa o indirectamente en los procesos decisorios de los gestores relacionados con las acciones de la organización. Por no hablar, de la inserción de la empresa en los aspectos tecnológicos, como Internet, integrándolos en los estándares modernos y que sirvan como herramienta de agregación interna.

El cambio se ha convertido en un requisito en el mundo empresarial de la actualidad. El momento de crisis es el intermedio entre la situación actual y el cambio ocurrido, es decir, la mayoría de los cambios son causados por medio de crisis. Así que la crisis puede ser considerada un factor positivo para el desarrollo de la organización, ya que el periodo de turbulencia caracteriza el entorno, ajustándolo de forma que la empresa considere ideal y de conformidad con sus objetivos.

Cada vez más, las organizaciones están enfrentándose en un entorno dinámico y cambiante. El cambio es cada vez más rápido y más profundo con cada día que pasa. "Cada cambio en una organización representa alguna modificación en las actividades diarias, en las relaciones laborales, en las responsabilidades, los hábitos y comportamientos de las personas" (de Chiavenato, 2010, p. 432). En resumen, el cambio implica el comportamiento de los empleados, el entorno, la cultura y el liderazgo empresarial. Se buscan mejoras, con planteamientos, innovaciones, ya que es un factor estratégico que busca integrar el entorno, permitiendo la movilización con la iniciativa y la participación de las personas involucradas, es decir, la introducción de la iniciativa emprendedora corporativa para el desarrollo organizacional.

CONSIDERACIONES FINALES

El objetivo de este capítulo fue analizar las dificultades de la implantación de una cultura emprendedora e innovadora corporativa en la gestión de un negocio, identificar cuáles son los beneficios que la cultura emprendedora puede tener en la organización y comparar la aplicación del Emprendimiento Corporativo en organizaciones de gestión cerrada y abierta, a fin de identificar que gestión se adapta mejor. Con este fin, se han establecido dos objetivos específicos entendidos como pasos para lograr el objetivo general y dar respuesta al problema de investigación. El primero es definir las acciones y habilidades necesarias para desarrollar el espíritu emprendedor corporativo y el segundo está pautado mediante el análisis de las habilidades para promover el espíritu emprendedor de las empresas.

En el objetivo específico, las acciones y las habilidades necesarias para desarrollar la iniciativa emprendedora corporativa incluyen varias categorías, a saber: la inversión en capital humano como factor clave en el desarrollo corporativo, integrar a los empleados en todos los asuntos de la compañía, en los procesos de decisión, motivación y reconocimiento.

Es necesario que la organización defina su cultura y que sea de mentalidad abierta porque permite la innovación, el crecimiento, con el fin de cambiar cuando sea necesario. El entorno de la organización también debe ser adecuado para la gestión corporativa y al intra-emprendedor, pues forma parte de la construcción de la compañía compuesta de varios factores externos que influyen directa o indirectamente en los procesos de toma de decisiones de los gestores relacionados con las acciones de la organización. Sin contar con la inserción de la empresa en los aspectos tecnológicos como Internet, integrándolos en los estándares modernos y utilizándolos como herramienta de agregación interna. También responde al segundo objetivo específico, pues son competencias de mejora de las habilidades de emprendimiento corporativo.

Tales metas específicas ayudan a abordar los objetivos generales, pues conforme lo expuesto, se presentaron las habilidades necesarias para la inserción de un espíritu emprendedor corporativo eficaz. En respuesta a los objetivos generales, la dificultad en la implementación de una cultura emprendedora e innovadora corporativa en la gestión de una empresa supone que, aún en el siglo XXI, muchas empresas siguen empleando una gestión cerrada, donde los administradores no tienen un visión clara de cómo la aplicación de la iniciativa emprendedora corporativa es beneficiosa y acelera el desarrollo organizacional.

Dadas las cuestiones planteadas anteriormente en la introducción: ¿Cuáles son los beneficios de la cultura innovadora y emprendedora para la gestión, clientes, colaboradores? ¿Cuáles son las dificultades presentadas por la empresa para poner en práctica el espíritu emprendedor en las empresas? Con base en las respuestas encontradas para los objetivos específicos y generales, es más fácil asignar respuestas a estas preguntas pues, como se indicó, la cultura innovadora es abierta y no cerrada y una organización de mentalidad abierta y no cerrada es más humanista, de fácil convivencia, de apoyo, estimula los riesgos, está orientada para el equipo y se centra en el crecimiento.

La cultura innovadora, también, está vinculada al entorno organizacional que influye en la innovación y la tecnología de la información para su uso en sus procesos de gestión para aumentar su competitividad y crear condiciones para el crecimiento empresarial.

Las dificultades presentadas por la empresa para poner en práctica el emprendimiento corporativo están en darse cuenta que las empresas, en su mayoría, adoptan una gestión cerrada, con objetivos orientados exclusivamente al beneficio, donde el emprendimiento corporativo no es visto como un factor importante. La dificultad en la implementación de la iniciativa emprendedora en las empresas no se vincula a recursos sólo prácticos, sino sobre todo a la visión de la gestión. Los gerentes, en general, tienen una visión aún mecanicista, volcada a las tareas, y a los clientes como factor importante para el éxito organizacional.

Se sugiere que el cambio de este escenario tiene que ocurrir en la formación académica de los futuros directivos y programas de formación para no académicos, ya que muchos gerentes no tienen formación en este sentido. Se observa que en las universidades, muchos estudiantes se gradúan sin una visión emprendedora e intra-emprendedora lo que se traduce en una posible gestión cerrada en el futuro. Para los administradores sin formación universitaria, el programa de inserción del emprendimiento corporativo, antes de la apertura de un negocio, promoverá nuevas visiones de la gestión organizacional y reducirá así las organizaciones de mentalidad cerrada.

EL EMPRENDIMIENTO EN LA ECONOMÍA Y GESTIÓN DE LA ADMINISTRACIÓN

En este apartado se propone el rescate de la literatura sobre el acto de emprender desde el aspecto histórico y económico, las organizaciones y las acciones en el entorno internacional. Conecta las teorías de emprendimiento y de aprendizaje organizacional al entorno estratégico de las demás áreas de negocio. Facilita el análisis de la inversión y la ampliación de mercados emergentes, con el fin de mostrar cómo esta área de estudio está abierta a investigaciones sectoriales.

INTRODUCCIÓN

El acto de emprender es bastante antiguo, los primeros informes datan de 1725 a través de las premisas de Richard Cantillon. Desde entonces han pasado muchas cosas y el mundo de la organización ha valorado cada vez más la acción emprendedora, tanto a nivel interno como externo en las organizaciones.

Una importante contribución teórica se produjo en la segunda mitad del siglo XX por medio de las ideas del economista Joseph Schumpeter, el cual acuñó el término destrucción creativa, que tiene influído a los mercados desde entonces. Varios autores han realizado estudios sobre el acto de emprender y su relevancia para los mercados. En este sentido ha habido estudios que evalúan desde el emprendimiento regional hasta el internacional.

HISTORIA DEL EMPRENDIMIENTO

Para los estudiosos uno de los que, si no el primer, escritor y/o autor en usar ese término, fue el economista irlandés Richard Cantillon (1680-1734) el cual utilizó el término para describir a una persona que asume riesgos. Siendo Cantillon autor de lo que se considera el primer tratado de economía, sus ideas influyeron en el trabajo y los estudios de otros investigadores, como Adam Smith, Anne Turgot y Francois Quesnay. Entre sus principales contribuciones al pensamiento económico están la metodología de causa y efecto, las teorías monetarias y el desarrollo de la economía espacial. Cantillon utilizó el término por primera vez alrededor de 1725. Lo que es importante registrar a partir de este punto es que Cantillon produce toda su riqueza como banquero a partir del análisis de los riesgos inherentes a la actividad económica y sus ideas acerca de la riqueza y el aumento de la misma se basan bajo la premisa de que un país debería importar los "bienes de la tierra" y exportar los "bienes que no se basan en la tierra", una vez que los bienes no basados en la tierra tienen un mayor valor.

A partir de ese punto otro autor importante hizo uso del término para describir la actitud de los hombres del sector empresarial que transfieren los recursos de los sectores con baja productividad para sectores con mayor productividad y, al actuar de este modo, contribuir al buen funcionamiento de la economía. Esta definición fue dada por el economista francés Jean-Baptiste Say (1767-1832), cuyas ideas comenzaron a ser presentadas alrededor de 1814. Sin embargo, Jean-Baptiste Say trajo otras importantes contribuciones para el pensamiento económico, como la defensa de la idea de que el emprendimiento podría ser considerado como el cuarto factor de producción junto con la tierra, el trabajo y el capital. Cabe señalar que las ideas de Say se basaron en gran parte en la práctica, ya que de entre tantas experiencias profesionales a lo largo de su vida, tuvo la oportunidad de montar una empresa de textil de gran éxito en su tiempo, empleando a más de 400 personas en el interior de Francia, que sirvió de modelo y prueba de sus ideas. Después al fin del imperio se dedicó al registro, enseñanza y difusión de sus ideas.

Tales ideas e hipótesis comenzaron a ganar impulso en el mundo de los negocios, aunque a un ritmo lento; de modo que alrededor de 1871 el economista austriaco Carl Menger (1840-1921), fundador de la escuela austriaca o escuela de Viena, cuya premisa básica de estudios hace hincapié en la complejidad de las decisiones humanas subjetivas, hace extremadamente complejo modelar matemáticamente el mercado; utiliza y define emprendedor como aquel que puede anticipar necesidades futuras del mercado. Las ideas de Menger son de importancia crítica porque este autor es también el creador de la teoría de la utilidad marginal, es decir, el valor de la propiedad se reduce al consumidor a medida que se están consumiendo más unidades; por lo tanto, de acuerdo con Menger, el emprendedor, aunque inconsciente de estos aspectos, desempeña un importante papel en la sociedad en la medida en que se anticipa a las necesidades futuras, no sólo aquellas complejas para ser modeladas. Siguiendo una línea similar de razonamiento, pero extendiendo el concepto, el economista estadounidense Frank Knight (1885-1972) considera que el emprendedor, a diferencia de otros empresarios, tiene una mayor capacidad para hacer frente a la incertidumbre, la cual clasifia en tres tipos, teniendo la probabilidad como base conceptual. Para ese economista la incertidumbre se manifiesta primero en forma de riesgo, cuya probabilidad de ocurrencia es conocida; segundo en forma de ambigüedad, cuya probabilidad de ocurrencia es parcialmente calculable a partir de algunos elementos o datos ambientales y tercero en forma de verdadera incertidumbre (incertidumbre Knightiana), cuya probabilidad de ocurrencia es imposible de calcular o predecir. Este punto en particular para la historia del emprendimiento es muy importante, ya que define y acepta la idea de que emprender o ser emprendedor significa asumir riesgos e incertidumbres con fines de lucro. Hay que señalar que Knight es uno de los fundadores de la Escuela de Chicago y uno de sus principales argumentos es que la competencia perfecta no elimina el lucro. Este punto es muy importante porque para Knigh riesgo e incertidumbre, en definitiva, no son la misma cosa, ya que el riesgo es cualquier evento cuya probabilidad de ocurrencia es conocida, mientras que la incertidumbre es todo evento cuya probabilidad de ocurrencia no se puede calcular o ser conocida, por lo que el emprendedor es aquel que obtiene un beneficio en un entorno incierto.

Desde que la asunción de la premisa del riesgo es ampliamente aceptada, enseñada y explorada en 1949, otro economista austriaco, además de filósofo y defensor de la libertad económica como base de la libertad individual, Ludwig Von Mises (1881-1973) afirma que emprender depende de decisiones, por lo que el emprendedor es el que decide. La historia y la carrera de Von Mises, influenciado por Carl Menger, aporta gran parte de su investigación y numerosas publicaciones al área económica, y consiguió extraer que el potencial de decisión es esencial para el emprendedor.

El progreso de los estudios hizo subir las ideas de otro economista austriaco, Friedrich Von Hayek en 1959 cuyas afirmaciones sostienen que no sólo el riesgo es inherente a la acción de emprender, sino fundamental el descubrimiento de las condiciones para producir y aprovechar las oportunidades de mercado a partir del análisis de los actores sociales del momento. Lo importante a destacar en el análisis de Hayek es que como hijo de una familia de investigadores y profesores, podía mejorar y contribuir al pensamiento económico y también para pensar en la psicología, derecho y política. De este modo, a través de un análisis más refinado, que contribuye a la psicología por medio de la premisa de que la mente es un sistema adaptable, consiguió inferir que el emprendedor necesita articular mucho más que el mero análisis de riesgo, sino también de las innumerables variables involucradas.

Con todo, en 1950, otro economista austriaco, Joseph Schumpeter (1883-1950), creador de la teoría de los ciclos económicos y entusiasta de la unión de la economía con la sociología, sostiene que el emprendedor es alguien que puede convertir lo que desea en una invención o innovación que funciona. Bajo la idea de que la tarea del emprendedor es destruir para crear (destrucción creativa), hace hincapié en que el verdadero cambio o sustitución de lo que existe es esencial para los mercados. Así, emprender transforma y renueva los mercados pero no es una tarea fácil, ya que muchas de las acciones innovadoras no funcionan. Sin embargo, tanto el emprendedor como el emprendimiento, según Schumpeter, crean la base para el crecimiento económico. Tales ideas transformaron a Schumpeter en uno de los grandes economistas del siglo XX y en una de las más importantes bases para la comprensión económica de lo que es emprender y lo que es ser un emprendedor.

ORGANIZACIÓN EMPRENDEDORA

La actividad emprendedora innova y trae riqueza a la economía, generando la creación de puestos de trabajo y la atención de las necesidades sociales, por lo que su importancia es muy evidente. De entre los que emprenden, por cualquier razón, son los que buscan la innovación y tienen como objetivo el crecimiento de su negocio, los que realmente contribuyen al crecimiento y desarrollo social.

Para Bosma y Levie (2010), existe un amplio consenso sobre la importancia del emprendimiento para el desarrollo económico. Las características de la actividad emprendedora y el perfil de innovación en la estructura productiva determinan la velocidad de los cambios estructurales en la economía mediante la introducción de nueva competencia y contribuyendo a la productividad.

En las organizaciones, los individuos con perfil emprendedor amplían el entorno de trabajo a las oportunidades de negocio. Desde el punto de vista de Schumpeter (1988), el emprendimiento es visto como la realización de combinaciones únicas de recursos, incluyendo hacer cosas nuevas o hacer cosas que existen de diferentes formas como: introducir nuevos productos, crear nuevos métodos de producción, abrir un nuevo mercado, identificar nuevas fuentes de suministro y crear nuevas organizaciones.

El emprendimiento es un fenómeno resultante de la acción de una persona o de un grupo de personas que se dan cuenta y aprovechan las oportunidades, a partir de acciones que permitan generar innovaciones discontinuas o radicales, bien como innovaciones incrementales, una vez que estas también son generadoras de riqueza, se producen debido a los cambios originados y originan cambios socioeconómicos (Camargo et all., 2008).

Algunos autores perciben que la organización emprendedora es exitosa cuando en ella hay individuos con características emprendedoras. McClellad (1965) señala que las características individuales de los emprendedores pueden ser la razón para el éxito de la empresa. Entre las principales características, destaca la búsqueda de oportunidades y la iniciativa, identificación de las oportunidades reales, capacidad de reacción a la frustración en situaciones de estrés, demanda de calidad y eficiencia, compromiso, la fijación de objetivos, la planificación y el monitoreo sistemático, además de la persuasión, la red de contactos y la independencia.

Para otros autores, estas personas necesitan de realización, son propensos a riesgos y tienen un control local (Timmons, 1978), o trazan metas y las desarrollan con tenacidad y creatividad, así como tener la capacidad de identificar las oportunidades que son agentes de cambio, haciendo cosas nuevas y diferentes (Filion, 1999). Además del riesgo, la independencia y la identificación de oportunidades, Salim (2004) señala el sentido común y la comprensión del negocio, la organización, las decisiones correctas, capacidad para dirigir, dinamismo y optimismo. Dornelas (2001) exalta la dedicación, la planificación, el valor social y la visión para los negocios como los conductores de la empresa emprendedora.

Basado en la psicología, Hornaday y Aboud (1971), muestran la necesidad de la realización personal, la autonomía, la agresividad, el poder, el reconocimiento, la innovación y la independencia como características sobresalientes de los emprendedores. Por su parte, Bygrave (2004) describe el emprendedor utilizando un conjunto de palabras de uso cotidiano, a las que llamó "Las 10 Ds":

1. Sueño ("Dream") - Los emprendedores tienen una visión de futuro de ellos y sus negocios. Y, más importante, tienen la capacidad de poner en práctica sus sueños.
2. Determinación ("Decisiveness") - No posponen las cosas. Ellos toman decisiones rápidamente. La velocidad es un factor clave en su éxito.
3. Hacedores ("Doers") - Al decidir sobre un curso de acción, lo ponen en práctica tan pronto como sea posible.
4. Determinación ("Determination") - Ellos implementan sus emprendimientos con un compromiso total, raramente se dan por vencidos, incluso cuando se enfrentan a obstáculos que parecen insuperables.

5. Dedicación ("Dedication") – Están totalmente dedicados a su negocio, a veces a un coste considerable para sus relaciones con amigos y familiares. Trabajan sin descanso. Jornadas de doce horas y semanas de trabajo de siete días no son infrecuentes cuando un empresario está luchando para conseguir un negocio de éxito.
6. Devoción ("Devotion") - Los empresarios aman lo que hacen. Es este amor que los sustenta cuando las cosas se ponen difíciles. Y es el amor a su producto o servicio lo que los hace tan eficaces en la venta del mismo.
7. Detalles ("Details") - Se dice que el diablo está en los detalles. Esto nunca es más cierto que cuando se inicia y hace crecer un negocio. El emprendedor debe estar por encima de los detalles críticos.
8. Destino ("Destiny") - Ellos quieren estar a cargo de su propio destino y no depender de un empleador
9. Dólares ("Dollars") - Hacerse rico no es la principal motivación de los empresarios. El dinero es más una medida de su éxito. Ellos asumen que si tienen éxito, serán bien recompensados.
10. Distribución ("Distribute") - Empresarios distribuyen la propiedad de sus empresas con empleados claves que son críticos para el éxito del negocio.

Además de la influencia de los emprendedores sobre las organizaciones, factores externos determinan la actividad emprendedora como cultura familiar, la red de relaciones personales y las experiencias pasadas, nombrados por Chay (1993) y Dornelas (2001). Factores de educación y gubernamentales pueden ser otras razones de incentivo para nuevos negocios. Sin embargo, los factores globales y locales son determinantes para la evolución de los negocios y pueden diferenciarse en función de cada país.

EMPRENDIMIENTO INTERNACIONAL

El emprendimiento internacional es la combinación de la innovación, la proactividad y el comportamiento adaptado al riesgo que cruza fronteras y busca crear valor para la empresa (McDougall y Oviatt, 2000). Para Dimitratos y Plakoyiannaki (2003) un aspecto más profundo de la organización se introduce en la comprensión del asunto, que es la cultura organizacional. Para los autores el emprendimiento internacional es un proceso de toda la organización, que se incorpora en su cultura organizacional y busca crear valor a través de la exploración de oportunidades en el mercado internacional.

En los estudios sobre emprendimiento algunos estudiosos como Gregoire et all (2006), Shildt et all (2006), Lumpkin y Dess (1996) han diferenciado el emprendimiento de la orientación emprendedora. El emprendimiento se relaciona con nuevos negocios, en lo que consiste el emprendedor. Ya la orientación emprendedora se refiere al proceso emprendedor, en cómo llevar a cabo y en cómo se desarrolla el emprendimiento. Ella también ha sido identificada como el emprendimiento en el nivel de la organización. La orientación emprendedora se refiere a métodos, prácticas y estilos de toma de decisiones que se utilizan para actuar de forma emprendedora (Martens y Freitas, 2007).

La orientación emprendedora ayudará a la organización a mejorar sus habilidades para competir en el mercado global ya sea a través de nuevas operaciones o con la introducción de nuevos productos o servicios. Además de la orientación emprendedora las organizaciones necesitan tener una cultura emprendedora internacional. Esto significa tener unas dimensiones que facilitarán el proceso de internacionalización de la empresa, como orientación al mercado, orientación de aprendizaje, propensión a la innovación, actitud ante el riesgo, orientación de redes y motivación (Dimitratos y Plakoyiannaki, 2003).

DIMENSIONES DE LA CULTURA EMPRENDEDORA INTERNACIONAL

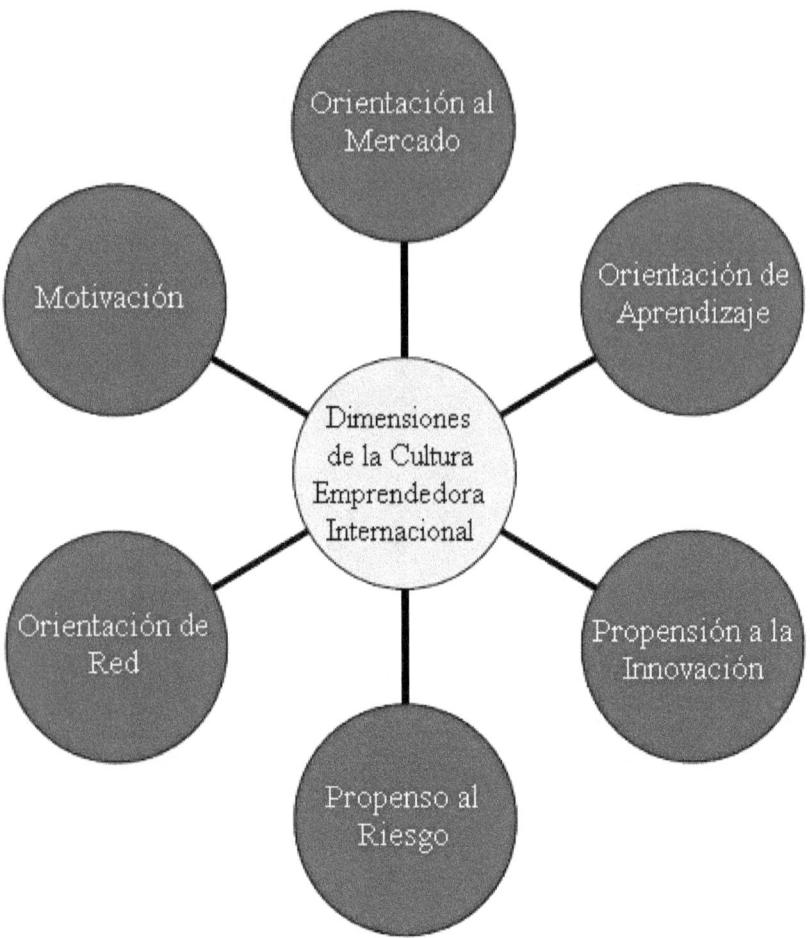

La primera dimensión se refiere a la orientación al mercado internacional, lo que significa la postura y la conducta adoptada por la empresa para crear valor a los consumidores en los mercados extranjeros (Narver y Slater, 1990). De esta forma la unidad de negocio de la empresa debe estar alineada a la conducta de orientación al consumidor, es decir, poner los intereses del cliente por encima de todo; la orientación al competidor sugiere a la compañía comprender las habilidades y debilidades de los competidores y la coordinación entre funciones que es la alineación de los recursos de la organización con la estrategia de la compañía para crear un valor superior a los consumidores (Dimitratos y Plakoyiannaki, 2003).

La orientación internacional de aprendizaje es la inteligencia del negocio, ya que se refiere a la información sobre los consumidores con respecto a las necesidades y preferencias y cómo pueden verse afectados por factores externos tales como la tecnología, la regulación gubernamental, fuerzas ambientales, entre otros (Cadogan y Diamantopoulos, 1995).

La propensión internacional a la innovación se refiere a la capacidad de la empresa para crear nuevas y creativas ideas, productos y procesos destinados al mercado de exportación. La propensión a la innovación y la orientación de aprendizaje internacional están estrechamente relacionadas, pues el aprendizaje organizacional es algo que precede a la innovación en los mercados extranjeros, ya que el proceso de aprendizaje genera conocimiento a la empresa para que pueda crear procesos nuevos y creativos. Otro punto es que una empresa con enfoque innovador externo tiene la capacidad de aprender a partir del desarrollo con nuevos y creativos procesos (Dimitratos y Plakoyiannaki, 2003).

La actitud frente al riesgo es cuando la empresa se prepara para asumir riesgos en el mercado externo. Los emprendedores internacionales se caracterizan por la conducta de tomar riesgos con el fin de explorar las oportunidades en los mercados extranjeros. Un aspecto importante de la actitud ante el riesgo es que está conectada a la propensión a la innovación para capturar el estilo emprendedor de la empresa (Zahra et all, 1999).

La orientación de redes es crear alianzas y relaciones sociales que se puedan utilizar en los mercados externos. Las empresas con culturas más abiertas tienden a relacionarse mejor entre las diferentes jerarquías de la empresa y con otras organizaciones externas también (Dimitratos y Plakoyiannaki, 2003).

Y la última dimensión es la motivación internacional, considerado un proceso de iniciar, dirigir y dinamizar el comportamiento humano de los miembros de la organización para que se "aventuren" en los mercados externos. Se insta a los empleados a alcanzar los objetivos fijados por la organización en el extranjero (Dimitratos y Plakoyiannaki, 2003).

Las seis dimensiones alineadas a la creatividad, el ingenio y los cálculos de riesgo (Zahra y Garvis, 2000) deben constituir la base emprendedora de la organización de modo que cuando una empresa opte por salir al exterior, es decir, entrar en los mercados internacionales, ella tenga el resultado deseado, que es el crecimiento, la eficiencia, las economías de escala y el conocimiento (Martens y Freitas, 2007).

Otro aspecto sobre el emprendimiento internacional se relaciona con el capital humano que debe tener características emprendedoras que le darán a la empresa la ventaja para competir en el mercado global. Por lo tanto, las percepciones, creencias y prácticas de gestión emprendedoras pueden alentar la entrada y desarrollo de una empresa en un mercado extranjero

(Honorio, 2008). La percepción del emprendedor será el diferencial de la empresa, pues él se dará cuenta de las oportunidades para las actividades de exportación exitosas, ya sea por la exportación directa, subsidiaria o asociaciones internacionales, como joint-ventures, por ejemplo.

El emprendedor internacional se caracteriza por la gestión multicultural de la fuerza de trabajo, por la coordinación de los recursos ubicados en diferentes países y, al mismo tiempo, la segmentación de clientes en diferentes ubicaciones geográficas (Schulz, Borghoff y Kraus, 2009).

En el inicio de la internacionalización de la compañía los emprendedores necesitan tener una red personal, lo que facilitará el proceso. Las redes personales están estrechamente vinculadas a las relaciones sociales y de negocios y según Johannisson (1995), el papel de las redes en el proceso emprendedor tiende a comenzar en el ámbito nacional y con colegas como socios. Se trata de empresas que nacen pequeñas y tienden a convertirse en organizaciones lucrativas.

Los emprendedores utilizan su red de contactos personales para obtener conocimiento y tratan de movilizar nuevas asociaciones que ayudarán a la compañía a crecer y expandirse en mercados extranjeros. Una interacción social, cultural y la proximidad geográfica fomentan la confianza para facilitar el intercambio de relación social (Schulz, Borghoff y Kraus, 2009). Los empresarios aprenden a aprovechar sus capacidades a través de la vinculación con otras empresas en la producción local. A nivel internacional, estas redes sociales se extienden a los mercados extranjeros. Con base en el proceso para llevar a cabo la internacionalización de una empresa se suele basar inicialmente en tener una persona con características emprendedoras, que dará el comienzo en este proceso, seguidos de una cultura emprendedora arraigada en la organización. Con la suma de estos dos aspectos el crecimiento de la organización en el mercado global sucederá naturalmente.

CONSIDERACIONES FINALES

A lo largo de este capítulo podemos concluir que el tema no es una cuestión concluida y que hay campo más que suficiente para continuar avanzando en su estudio y ampliando el mismo a otras empresas, en sectores diferentes y que posean características similares en términos de facturación, tiempo de vida en el mercado y perfil del empresario.

REFERENCIA BIBLIOGRÁFICA

Towards a theory of entrepreneurship, de I. Bull y G. Willard.

Introdução à teoria geral da administração de Alberto Chiavenato.

Comportamento organizacional: a dinâmica do sucesso das organizações de Alberto Chiavenato.

Empreendedorismo corporativo: como ser empreendedor, ino-var e se diferenciar na sua empresa de J. C. A. Dornelas.

Competitividade e globalização. De Michael Hitt.

Empreendedorismo: dando asas ao espírito empreendedor de Alberto Chiavenato.

Empreendedorismo: transformando ideias em negocios de J. C. A. Dornelas.

Empreendedorismo: transformando ideias em negocios de J. C. A. Dornelas.

O processo emprendedor de J. C. A. Dornelas.

Quem é o empreendedor? As implicações de três revo-luções tecnológicas na construção do termo emprendedor de Edi Madalena.

Espirito empreendedor nas organizações: aumentando a competitividade através do intra-empreendedorismo de Marcos Hashimoto.

A revolução industrial de Joao Simao.

Density dependence in the evolution of the American brewing industry across different levels of analysis, Social Science Research de James Wade y Glenn Carroll.

Market Imperfections, oportunity and sustainable entrepreneurship de Monika Winn y Boyld Cohen.

Organizações, recursos e a luta pela sobrevivência: análise aos níveis organizacionais e ecológico de Miguel Cunha.

Ecologia organizacional: implicações para a gestão e algumas pistas para a superação do seu caráter anti-management de Miguel Cunha.

A visão da sustentabilidade na atividade empreendedora: uma análise a partir de empresas incubadas de Marlon Dalmoro.

DIEGUES, Antônio Carlos Sant'Anna. O mito moderno da natureza intocada de Antonio Diegues.

The iron cage revisited: Institucional isomosphiism and collective rationality in orga-nizational fields. American Sociological Review de Paul Dimaggio.Isomorfismo nas práticas de gestão ambiental em duas grandes organizações do complexo mínero-siderúrgico do Espirito Santo. Dissertação de Mestrado de Clarkson Diniz.

The internationalization process of the firm: a model of knowledge de-velopment and increasing foreign market commitments. Journal of International Business Studies de J. E. Vahlne y J. Johanson.

C.M.Inter-organizational Relationships, Chains and Net-works – a supply perspective. The Oxford Handbook of Inter-Organizational relations de R. C. Harland y T. E. Lamming.

Entrepreneurship goes global. Ivey Business Journal de N. Philips y N. Karra.

Firm´s degree of born-globalness, international en-trepreneurial orientation and export performance. Journal of World Business de P. Servais, S. Sundqvist y O. Kuivalinen.

International versus domestic entrepreneurship: new venture strategic behavior and industry structure. Journal of Business Venturing de P. P. McDougall.

International entrepreneurship: the intersection of two research paths. Academy of Management Journal de B. M. Oviatt y P. P. McDougall.

Defining international entrepreneurship and modeling the speed of internationalization. Entrepreneurship Theory and Practice de B. M. Oviatt y P. P. McDougall.

Global start-ups: entrepreneurs on a worldwide stage. Academy of Management Executive de P. P. McDougall y B. M. Oviatt.

Hybrid organizational arrangementes: new form or transitional development? Cali-fornia Management Review de W. W. Powell.

Global competitiveness: born global de M. Rennie.

Business Networks: Strategy and Structure. Types of Business Networks de E. Todeva.

Managing the Unexpected: assuring high performance in an age of complexity, 1° ed. University of Michigan Business School de K. M. Sutcliffe y K. Weick.

Cognition and entrepreneurship: implications for research on inter-national opportunity recognition and exploitation. International Business Review de J. Yu, J. S. Corrí y S. A. Zahra.

A theory of international new ventures: a decade of research. Journal of International Business Studies de S. A. Zahra.

EL AUTOR

Juan Antonio Vázquez Moreno es un formador de emprendedores con experencia en el área de Coaching y Personal Financials Training.

Autor de varios de cursos de formación para emprendedores, actualmente está inmerso en el mundo editorial relacionado con la temática del empredimiento y la empresa.

ISBN: 978-1512216110

www.ingramcontent.com/pod-product-compliance
Lightning Source LLC
Chambersburg PA
CBHW070809180526

45168CB00002B/544